D1726944

Laurence Boissier

DIE SCHULE FÄNGT WIEDER AN

verlag die brotsuppe

Laurence Boissier

DIE SCHULE
FÄNGT WIEDER AN

Roman

übersetzt aus dem Französischen
von Hilde Fieguth

verlag die brotsuppe

Für Georgette Gonthier
Hauswartin an der Rue du Mont-Blanc 4

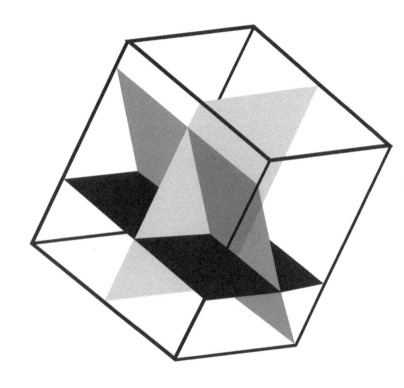

September 1973

Am Dienstagmorgen teilt sich die Klasse, die Jungen gehen hinunter in den Werkraum, die Mädchen bleiben im Klassenzimmer zum Stricken. Eine Hülle für ein Babyfläschchen steht auf dem Programm, mit fünf Nadeln. Seit Beginn des Schuljahrs hat Mathilde die ersten drei Zentimeter gestrickt, und nun muss sie nur noch das gleiche Prinzip auf die fehlenden zwanzig anwenden. Die winzigen Maschen wandern von einer Nadel auf die andere in einer Monotonie, die nur am Ende einer Reihe kurz vom Wechseln auf die andere Nadel unterbrochen wird.

Die Hausarbeitslehrerin spornt die über ihr Nadelgeklimper gebeugten Haarspangenköpfchen an, sie lässt keinerlei Zweifel an der fundamentalen Nützlichkeit dieses Werks. Für einige von ihnen hat die Lehrerin mit dieser Aufgabe das Richtige getroffen. In nur zwei Handarbeitsstunden sind sie fast schon am oberen Rand ihrer Fläschchenhülle angelangt und nun mit Begeisterung dabei, pro Reihe eine Masche abzunehmen, damit der Schlauch enger wird. Mathilde ist nicht begeistert. Für sie sind die dreiundzwanzig Zentimeter dreiundzwanzig Kilometer.

Madame Boquet geht durch die Reihen und begutachtet die Arbeit. Mathilde, die ins Leere starrt, flüstert sie zu »bist eine Brave« und legt ihr die Hand aufmunternd auf den Kopf. Lehrer, Schüler, deren Eltern, alle haben plötzlich ihr Verhalten ihr gegenüber geändert. Seit dem VERSCHWINDEN achten sie auf das, was sie sagen. Sie sprechen leise mit ihr, aber ihr wäre es viel lieber, wenn sie ihr ins Ohr brüllten. Die Atmosphäre ist gedämpft wie in einem Sarg. Aber es gibt keinen Sarg, das ist es ja eben.

Was das Verschwinden angeht, so ist es wirklich dumm, nur eine einzige Schülerin in der ganzen Schule dafür auszuwählen. Mathilde wäre es recht gewesen, wenn noch ein paar Eltern mehr verschwunden wären, wenn eine Klassenkameradin zu ihr käme und sagte, »bei mir ist auch jemand verschwunden«, oder wenn es sogar einen echten Toten gäbe, aber niemand kommt. Wie organisiert Gott das mit dem Verschwinden? Catherinas Vater, der kümmert sich nicht viel um die Erziehung seiner Tochter, der hätte doch ausgewählt werden können. Mathilde hat sogar gesehen, dass er bei der Abschlussfeier im Juni eingeschlafen war. Oder der von Tania, der ist schon krank. Sie bekommt keine Antwort auf diese Frage, die in ihrem Innern stecken bleibt. Wegen der Statistik sind die anderen Schüler unbekümmert. Wenig Gefahr, dass so etwas noch einmal passiert. Eine Klasse, in der zwei Väter Schlag auf Schlag verschwinden, erscheint unwahrscheinlich. Die Pause lässt auf sich warten. Als die Klingel endlich ertönt, ist die Fläschchenhülle immer noch nur drei Zentimeter hoch.

Mathilde versteht nicht, wie sich die Information so schnell hat verbreiten können. Am ersten Morgen nach den Ferien schienen es alle schon zu wissen. Wer es noch nicht mitgekriegt hatte, wurde schnellstens von den aufgeregten, entsetzten Mitschülern auf den neuesten Stand gebracht. Im Grunde wäre es viel einfacher gewesen, wenn Mathilde eine Zeitlang nicht in die Schule gekommen wäre oder überhaupt nicht mehr. Dann wäre sie Gegenstand einer Empathie aus der Ferne geworden. Aber Mathilde ist da. Man sollte ihr beistehen, aber ihr Unglück stößt ab. Der Kinderstrom, der sich in die Garderoben ergießt, ist auf subtile Weise von diesem Widerspruch geprägt. Sie steht vor ihrem Kleiderhaken und hängt den Kittel auf, zieht die Schuhe an. Valérie, ihre beste Freundin, ist mit ernster Miene solidarisch. Mit einer Geduld, die man ihr nicht zugetraut hätte, bemüht sie sich, Mathilde wieder beizubringen, in welchem Rhythmus sich ein normales, kleines Mädchen zu bewegen hat. Sie kümmert sich um sie, klebt aber nicht wie eine Klette an ihr. Sie scheint Mathildes neuen Orbit zu respektieren. Valérie gehört zu der Sorte von kleinen Mädchen, die der unentbehrliche Sonnenstrahl in einer Klasse sind. Sie ist von Natur aus die Vertrauensperson in Fragen Weiblichkeit, und sie kommt dieser Rolle höchst verantwortungsbewusst nach. Für Valérie ist das Beste-Freundinnen-Konzept kapital, und ihre beste Freundin ist unbestreitbar Mathilde. Punkt, Schluss, aus.

Die Pause verläuft unterschiedlich, je nachdem, welche Beschäftigung sie den Schülern auferlegt. Auf der Treppe vor dem Schulhaus sitzen bleiben, genügt nicht. Man muss dazugehören. All das kommt Mathilde zurzeit lästig vor, wenn sich auch ihre Freundin anstrengt, nicht von ihrer Seite zu weichen. Wenn sie dürfte, würde sie lieber im Klassenzimmer bleiben.

Auf dem Pausenhof holen die Mädchen ihre Gummibänder heraus und imitieren die Claudettes-Tänzerinnen. Wenn man die Claudettes kennt, ist das sicherlich amüsant. Durch eine Koinzidenz, die sich Mathilde nicht erklärt, scheinen die Geschicktesten die zu sein, die zuhause einen Fernseher haben. Bei ihnen sind die Gummis sofort zwischen zwei Mädchen gespannt, und die dritte legt eine Choreografie hin, in der sich Sprünge und überkreuzte Figuren mischen. Indem sie ihre Füße nach hinten schwingen, schaffen es diese Akrobatinnen sogar, den gespannten Gummi bis zu »Achselhöhe« zu bringen und unter Brüllen sogar bis hinauf »zum Hals«. »Knöchel« und »Knie« sind kein Problem für Mathilde, anders der schon schwierigere »Unterpo«, von »Taille« konnte sie nur träumen, und »Achselhöhe« ist der Elite vorbehalten. Valérie springt mühelos bis »Taille«.

Nach der Pause müssen sie die Mathehefte herausholen. Im neuen Schuljahr nimmt die Lehrerin plötzlich das Rechnen mit Basis drei und Basis sechs durch. Ihre Schüler, die wieder anfangen mussten, Steinchen zu zählen und zu gruppieren, verstehen nichts und schon gar nicht, wozu das gut sein sollte. Mathilde sagt sich, dass diese Schulstunde knapp vor dem Eintrag ins Buch der Rekorde steht, und zwar im Kapitel zur längsten Schulstunde der ganzen Menschheitsgeschichte. Aus dem Mund der Lehrerin kommt weißes Rauschen. Ein Wesen ist verschwunden, und schon ändert auch die Zeit ihre Basis. Es gibt keine Sekunden mehr in der Minute und keine Minuten in der Stunde. Mathilde war auf die Basis Pluto verschoben worden, wo ein Tag sechs Tage und neununddreißig Minuten dauert. Dort sind die Tage nicht nur viel länger, auch die Atmosphäre ist anders. Die Umgebung scheint weiter entfernt, der Körper schwerer. Obwohl sie nie dort gewesen ist und keine weiterreichenden Informationen über den Planeten hat, glaubt sie, die Lebensbedingungen dort genau beschreiben zu können. Valérie sitzt neben ihr, sie ist auf der Erde geblieben. Die vorschriftsmäßigen fünfzig Zentimeter, die die Pulte der zwei Freundinnen voneinander trennen, werden zu Metern, Kilometern, mit Basis drei, Basis sechs, alle nur möglichen und unvorstellbaren Basen. Mit Basis unendlich.

✴ ✴ ✴ ✴ ✴

ELISE HAT IMMER RECHTS im Bett geschlafen. Sie öffnet die Augen und schaut auf die Abwesenheit von Andrew zu ihrer Linken. Am Morgen, wenn die Schlaftabletten noch ihr Bewusstsein vernebeln, ist Andrew nur verschwunden. Im Lauf des Tages ist er immer weniger verschwunden und mehr und mehr gestorben. Es bräuchte wieder ein Mogadon, um den Tag zu bewältigen. Aber zuerst die Kinder loswerden. Elise setzt sich auf das Bett, da steckt Henry den Kopf zur Tür herein.

»Mama, wir gehen jetzt.«

Heute morgen muss sie wegen irgendetwas aufstehen, aber sie weiß nicht mehr wegen was. Ach ja, der Fernseher. Der Fernseher wird heute geliefert. Dann kann sie die Kinder davorsetzen.

»Gut. Schon?«

»Ja.«

»Wo geht ihr hin?«

»In die Schule.«

Elise findet es unglaublich, einfach so weiterzumachen, als ob nichts passiert wäre. Völlig sinnlos sagt sie zu ihm:

»Aber hör doch Henry, dein Vater ist verschwunden.«

Das war dumm. Sie sieht es am Gesicht ihres Sohnes. Der weiß im Übrigen nicht, was er antworten soll.

Er hatte die Packung Mogadon gesehen, ehe er zu ihr gegangen war. Henry macht die Tür wieder zu.

Das stille und indignierte Treiben, das in den letzten Tagen in der Wohnung geherrscht hatte, ist verflogen. Es hatte Anrufe aus England gegeben, Besuche von den Angehörigen beider Familien. Es wurde nach einem Schuldigen für dieses Unglück gesucht und keiner gefunden. Niemand wollte Andrew selbst beschuldigen, der doch allein an Bord gewesen war. Eine Ungeschicklichkeit seinerseits? Vielleicht. Auch eine Kollision mit einem militärischen Unterseeboot wurde in Erwägung gezogen. Ein Verdacht von Onkel Harry, den niemand wirklich aufgegriffen hat. Einzige Gewissheit: Andrew war ein guter Segler. Aber auch gute Segler können von ihrem Boot fallen. Elise wird die Leute einmal besuchen.

Der Tisch am Fenster ist mit Papieren übersät. Sie muss noch die vielen Kondolenzbriefe der Freunde beantworten, die schreiben, sie aber nicht mehr zu sich einladen, denn eine Frau, deren Mann keinen Körper mehr hat, ist kein guter Gast, eine Frau, deren Mann keinen Körper mehr hat, stiehlt vielleicht die Männer der anderen. Es ist ein bisschen düster. Sie könnte einfach die Vorhänge aufziehen und schauen, wie die Blätter unbeweglich an den Bäumen auf dem Platz hängen. Elise fragt sich, ob es sich lohne, einen Büstenhalter anzuziehen. Schon, ein Büstenhalter verleiht das Gefühl einer Struktur, eine gute Sache, aber andererseits, was hat man vom Gefühl einer Struktur, wenn niemand da ist, der die Struktur wahrnimmt? Elise besitzt mehrere Büstenhalter, alle in der Nachttischschublade aufgereiht, insgesamt zehn, manche sehr hübsch, die trägt sie nur zu besonderen Gelegenheiten. Die anderen sind die Büstenhalter für den Alltag. Nur dass es seit dem Verschwinden Andrews keinen Alltag mehr gibt. Man bräuchte eine dritte Kategorie für das Witwentum: solche mit zerfransten Körbchen und ausgeleierten Gummis. Also überhaupt keinen anziehen. Beim Einkaufen kann man die Schwerkraft wirken lassen.

OBWOHL DAS KLEINE MÄDCHEN ihm mehrmals erklärt hat, dass er Mississippi-Steamboat heißt, kennt der Kater seinen Namen nicht. Als er ganz klein war, schien er die S zu mögen. Der Kater kennt auch seine Rasse nicht, auch wenn es von ihm taktvoll heißt, er sei Indo-Europäer, das elegante Synonym für die gewöhnliche Hauskatze. Der Kater weiß auch nicht, dass er in gewisser Weise einem Hasen ähnelt, er hat nie einen Hasen gesehen. Er weiß, dass er Jojo-Schnüre mag und Wollknäuel, aber er weiß nicht, dass das nichts Besonderes ist. Er mag auch, wenn ein Kind unter den Wohnzimmerteppich schlüpft und liegen bleibt, ohne sich zu rühren, oder fast, und wenn er sieht, wie sich der Teppich wellt und er sich fragt, ob er dieses Gewoge angreifen soll.

Der Kater kann Orte nach der Qualität ihrer Energie unterscheiden. Negative Energie erkennt man an seinen gleichmäßig aufgestellten Haarspitzen, positive an den unregelmäßig aufgestellten. Weil er seine Katzenrolle kennt, setzt er sich dahin, wo die Energie negativ ist. Um eine Stelle von Grund auf ins Gleichgewicht zu bringen, braucht er mehrere Wochen. Dann macht er sich an die nächste. Die, die in der Wohnung leben, übernehmen es, die Katzendecke überall dahin zu tragen, wo er sich offenbar dauerhaft niederlassen will.

Seit der Mann nicht mehr im Haus ist, muss der Kater gleichzeitig mehrere Stellen behandeln, die durch die herumliegenden Fasern, die schrille Laute von sich geben, völlig aus dem Gleichgewicht geraten sind. Der Kater weiß nicht mehr, wo ihm der Kopf steht. Kaum hat er eine Faser neutralisiert, da schlägt eine andere woanders mit doppelter Kraft zu. Er springt von Brennpunkt zu Brennpunkt, wissend, dass er weniger tüchtig ist als sonst, und ärgert sich über sich selbst. Im Jungenzimmer fühlt er sich von einer Schachtel voller Eisenbahnschwellen gerufen. Mutig springt der Kater auf den instabilen Haufen und versucht, sich oben auf ihn zu setzen. Eine Vorderpfote gerät in das Durcheinander, sie wird eingeklemmt, er verliert das Gleichgewicht, in seinen Ohren klingt eine metallische Kakophonie nach. Der Junge, von dem Krach aufgeweckt, steht vom Bett auf.

»Steamboat, was machst du da?«

Er befreit den Kater. Aber der Kater, der überhaupt nicht verstanden hat, was zu ihm gesagt wurde, springt wieder in die Schachtel. Indem er mit seinem Körper hin und her schaukelt, gelingt es ihm, die Teile unter sich zu stabilisieren. Der Junge packt ihn ohne Schonung noch einmal unter dem Bauch und nimmt ihn zu sich ins Bett. Der Kater findet sich eingeklemmt zwischen einem Oberkörper und einem Arm, ohne die Zeit gehabt zu haben, sich seinen Platz zurecht zu ruckeln. Er beschließt, es hinzunehmen und macht die Augen zu.

Auch hier gibt es allerhand zu tun.

WEGEN DER UNAUSGEGLICHENEN PROPORTION von Beinen und Oberkörper scheint Hubert Vagnière im Sitzen noch größer zu sein. Nach einem arbeitsreichen Vormittag spürt er heftige Schmerzen im unteren Rücken. Sein Schreibtisch ist ein Louis XVI-Schachtischchen, folglich ist es undenkbar, die Beine mit Klötzen höher zu machen. So sitzt er also da, die eine Hand auf der Lendengegend, die andere drückt die Tasten *play* und *rec* des Diktiergeräts. »Madame

Pons«, sagt er mit seiner Morgenstimme, »ein Brief an das Connaught Museum, New York, Sie adressieren es an Misses F. Finch. Versuchen Sie herauszufinden, was dieses F. bedeutet. Fanny? Fiona? Dear Misses Finch …«, Hubert bemüht sich, die englischen Diphthonge so auszusprechen, als hätte er eine Kartoffel im Mund, »… *may I offer my gracious thanks …*« Er lässt sich vom Ton seiner eigenen Stimme bezaubern, die danach mittels Lautsprecher direkt in das Ohr von Madame Pons dringen wird.

Ehe Hubert Vagnière diese seltene Perle gefunden hatte, musste er ein halbes Dutzend Sekretärinnen hintereinander einstellen, die alle, eine nach der anderen, wegen einer Schwangerschaft wieder gingen. Man könnte daraus schließen, es handele sich um einen galanten und fruchtbaren Mann, aber es passt nicht. Er hat keine Einzige verführt. Sobald der Brief aufgezeichnet ist, drückt Hubert die eject-Taste und holt die Kassette heraus, dann geht er in das Büro nebenan.

»Ein Brief an Misses Finch, die sich von ihrem Haviland-Porzellanservice getrennt hat«, erklärt er.

Madame Pons ist immer tadellos gekleidet, für diesen schönen Herbsttag hat sie ein taupefarbenes Kostüm gewählt. Unter der offenen Jacke zieht die Knopfleiste der Bluse diskret die Aufmerksamkeit auf sich. Der Rock umschließt bewundernswert den üppigen Hintern, den massiven Stützpfeiler, der den Oberkörper daran hindert, zur Remington hinuntergezogen zu werden.

»Gern, Monsieur Vagnière.«

Sie selbst hatte ihn um dieses Verfahren gebeten, da ihr das Diktiergerät lieber war als stenographische Aufzeichnungen. Am Anfang hatte er Vorbehalte gehabt, sich dann aber an dieses sehr formelle Protokoll gewöhnt. Madame Pons' Büro öffnet sich direkt zum Empfang des Museums. Die geringe Besucherzahl erlaubt es ihr, simultan zwei Posten einzunehmen. Immer, wenn die Türglocke einen Besucher ankündigt, steht sie auf, empfängt und informiert ihn und kassiert das Eintrittsgeld. Die Verwaltung der Sammlungen untersteht Madame Kinley, die Hubert Vagnière vor Kurzem eingestellt hat. Dieses Haviland-Porzellanservice zum Beispiel, das sie von Misses Finch bekommen hatten, sollte nicht im Büro von Madame Pons herumstehen. Verärgert dreht er einen Teller mit blaugoldenem Rand in den Händen.

»Das kann keinesfalls hier liegen bleiben.«

»Ich packe es ein und bringe es zu Madame Kinley hinauf.«

Hubert hoffte, dass ihm diese vor einem knappen Jahr eingestellte Kunsthistorikerin helfen würde, das Museum zu füllen. In Genf biegen zu viele Liebhaber schöner Dinge unerklärlicherweise zum Uhrenmuseum ab, zum Nachteil des Porzellan- und Silbermuseums. Aber er hatte die Rechnung ohne diesen Dummkopf von Ehemann gemacht, der sich den unpassendsten Zeitpunkt zum Untergehen ausgesucht hatte. Hubert stellt den Teller neben ein Porzellanstück, das Madame Kinley zur Reparatur hätte schicken sollen. Ein hübsches Werk, ein Mädchen und ein Junge laufen Schlittschuh auf einem gefrorenen Teich. Ein Bein des Jungen ist unterhalb des Knies abgebrochen. Huber nimmt den kleinen Fuß in die hohle Hand.

»Ich bin auch einmal Schlittschuh gelaufen«, sagt er, ohne Hoffnung auf eine besondere Antwort.

Es kommt auch keine.

»Nicht auf einem Teich, sondern auf den gefrorenen Pfützen im Parc des Bastions«, stellt er klar.

Er erinnert sich an das prickelnde Gefühl der Geschwindigkeit. Da muss er wirklich jung gewesen sein. Sieben, acht Jahre? Seither hat ihm sein Körper keine schönen Erinnerungen mehr geboten.

Hubert war bis zum Alter von sechs Jahren ein reizender kleiner Junge gewesen. Seine Mutter erzählt immer wieder gern, dass ihr Sohn bis zum Alter von sechs Jahren reizend gewesen sei. So verteilt sie in homöopathischen Dosen über ihr ganzes Frauenleben hin den Stress, diesen Erben empfangen zu haben, der bald lästig geworden war. Sie entstammte einer gutbürgerlichen Familie und hatte anderen die Last seiner Erziehung aufgeladen, und zwar in einem anderen Flügel des Hauses. Die Lehrer fanden ihn nicht besonders nett, zu zappelig. Der Turnlehrer konnte seine große

Energie nicht bändigen, und Hubert lag einfach die ganze Zeit falsch.

In der Zwischenkriegszeit hatten die Turnstunden noch künftige Soldaten fabriziert. Nun sollten die von der schwedischen Gymnastik inspirierten Übungen Gelenkigkeit fördern, die Entwicklung des Brustkorbs auf fruchtbare Art beeinflussen und den Schultergürtel kräftigen. Es hätte aber täglicher Stimulation bedurft, um diesem zu schnell und aufs Geratewohl gewachsenen Körper zu helfen. Stattdessen wurde das magere Resultat von Huberts wöchentlicher Bewegung zunichte gemacht durch das sechs Tage dem Lernen gewidmete Dasitzen. Einmal in der Woche musste man plötzlich kurze Hosen anziehen, sich an die Sprossenwand hängen, dann (durch welches Wunder?) die Beine rechtwinklig nur durch die Kraft der Bauchmuskeln anheben und an einem Seil oder einer Stange hochklettern oder über einen Holzkasten springen. Die Natur hatte die besten Körper geschmeidig und robust ausgestattet. Hubert, obwohl groß gewachsen, war weder das eine noch das andere. Der Anblick eines Kameraden, der mit Leichtigkeit ein Seil hinaufkletterte, reichte, um sich von introspektiven Gedanken höchster Toxizität zermalmen zu lassen. Sein Alltagsleben war davon unterwandert, die stets wiederholten Misserfolge hatten sich in Schichten in seiner Psyche angehäuft.

»Ich bin auch Schlittschuh gelaufen«, sagt er noch einmal.

Die Sekretärin hämmert weiterhin in die Tasten ihrer Schreibmaschine. Er sieht die Vibrationen ihrer Bluse, da, wo die Brust zwischen die Arme gepresst ist. Als Hubert angefangen hatte, sich für Mädchen zu interessieren, da waren es die, die ebenfalls wie er in den Ringen, an den Stangen und Seilen gelitten hatten, die Ungeschickten, die im Tanzkurs versagt hatten, und die, für die es eine Meisterleistung darstellte, den Schweinebaumel am Pausenhofzaun zu machen. Nun, es ist durchaus möglich, dass Madame Pons in dieser Hinsicht eine verwandte Seele war.

Hubert geht wieder in sein Büro und lässt die Tür offen. Die Dossiers, die er bearbeiten muss, liegen alle auf einem Ledertablett, das ihm seine Frau zu Weihnachten geschenkt hat. Er muss nur noch seinen Körper wieder auf dem Stuhl zurechtrücken und sich eine halbe Stunde konzentrieren, vielleicht auch eine Stunde, um einen guten Eindruck zu machen. Ohne die strukturverleihende Gegenwart von Madame Pons wäre er nicht dazu in der Lage. Der kurze Blick, den sie ihm zuwirft, veranlasst ihn, sich hinzusetzen, während er sonst sich hin und her wiegend neben dem Stuhl stehen geblieben wäre.

Das Telefon klingelt. »Porzellan- und Silbermuseum, guten Tag?«, hört er antworten. In zehn Minuten wird er einen Kaffee bestellen. Mit der Stimme von Madame Pons im Hintergrund malt er sich aus,

ihre beiden Büros würden in ein einziges riesiges Badezimmer umgebaut werden. Dieser Beschäftigung geht
er gerne bis in die kleinsten Einzelheiten nach. Die
Wände sind abgerissen, die Türen erweitert und zu
Schiebetüren gemacht, eine Badewanne, in die man
über zwei Stufen hineinsteigt, ist installiert und mit
supermodernen Armaturen ausgestattet. Madame Pons
nähert sich der Türöffnung zwischen ihnen.

»Elise Kinley kommt heute nicht, Monsieur
Vagnière.«

DER WIND STREIFT DIE KREIDEFELSEN von Sussex,
hinter ihm zerstreut sich eine weißpudrige Wolke. Zur
Überquerung des Ärmelkanals nimmt er die Reisege-
schwindigkeit von etwa dreißig Knoten an, genau richtig, um die Brandungswellen aufzuwühlen. Stürmi-
scher Wind zeigen die Leuchttürme Großbritanniens
an. Auf den Schiffsdecks werden die wenigen noch auf-
rechten Segel eingeholt, zusammengefaltet und festge-
bunden. Außer diesem einen Segelboot da, das sich hin
und her schaukeln lässt, als wäre kein Mensch an Bord.
Nach einer problemlosen Überquerung trifft der Wind
jetzt auf die französische Küste. In geringer Höhe stößt
er an Hügelketten und verwirrt sich in Baumästen,
und über den Wolken macht er den Flugzeugen Angst.
In einigen Stunden ist die diagonale Überquerung

Frankreichs beendet. Am späten Nachmittag, wenn er sich faul von den Jurahöhen bis in das Genfer Becken hinabsinken lässt, nennt sich der Wind Joran.

Gleichzeitig mit dem Einbruch der Nacht wird der Joran zusammenbrechen. Ein bisschen amüsiert er sich noch, wühlt neckisch den See beim Leuchtturm auf, um ihm einen Hauch von Ozean zu geben, lässt die Fahnen knattern, die Segel und die Fensterläden. Aber genauso gern interveniert der Joran auf sanfte Art. In den schachbrettartigen Straßen, die zu den Gleisen hinaufführen, lässt er die Kleider, die vor den Fenstern hängen, tanzen und die Skaiminiröcke der Frauen auf den Trottoirs vibrieren. Er trägt die kristallinen Stimmen der auf dem Schulhof oder am Ufer spielenden Kinder mit sich fort. Er dringt in ein Fenster im sechsten Stock eines Wohnhauses ein, bläht die Falten eines orangefarbenen Vorhangs, hebt ein Blatt Zeichenpapier ein bisschen in die Höhe, das auf einem Schreibtisch vergessen worden ist, bringt den Kunstpelz eines Donald-Duck-Kissens zum Erzittern und eine braune Haarsträhne zum Glänzen.

Wenn die kleinen Franzosen ihren freien Nachmittag bei den *Mittwochsbesuchern* vor dem Fernseher verbringen, gehen die kleinen Schweizer zur Schule. Am Donnerstag ist es umgekehrt, außer dass im Schweizer

Fernsehen nichts läuft. Gerade an diesem Donnerstag gibt es nichts im Fernsehen, also wirklich überhaupt nichts. Mathildes Bruder liest *Bob Morane* in seinem Zimmer, ihre Mutter muss im Wohnzimmer oder in der Küche sein. Wie viele Stunden muss er noch warten, bis *Die Geheimnisse des Westens* kommen? Zwei. Zwei Stunden Basis Venus. Es gibt nichts zu tun an diesem langen eintönigen Donnerstag, keine besonderen Ideen zum Zeichnen, keine Lust zum Zeichnen, zum Lesen oder auf eine andere Beschäftigung. Es gibt nichts anderes zu tun, als in den Regen hinauszugehen, mit Eeyore, ihrem Esel im Rucksack, bis zur Pâquis-Mole vorzudringen, sich auf das stillstehende Drehkarussell zu setzen und dem Seewasser nachzuschauen, das nach Marseille fließt. Nichts anderes als warten und warten, nichts als warten den ganzen längsten Donnerstag aller Zeiten, während dem die Stunden unbeweglich sind wie im Regal aufgereihte Töpfe, und kaum ist es Mathilde gelungen, aus einer Stunde hinauszuklettern, schon findet sie sich in der nächsten wieder in langer stiller Agonie.

Am anderen Ufer, links von der abgeschalteten Fontäne, kann sie das kleine weiße Rechteck der Werkstatt ihres Vaters sehen. Seit dem VERSCHWINDEN war sie nicht mehr dort gewesen. Während des Sommers hatten sie sich mehrmals am Hafen von Pâquis getroffen. Vom Steg aus sprang sie in das Segelboot. Sie überquerten die Reede, und er kaufte ihr bei Universal ein Eis. Sie blieb den ganzen Nachmittag bei ihm in der Segelmacherwerkstatt. Während er arbeitete, hatte sie einen Ölanzug aus Segeltuch für Eeyore gemacht. Dann kehrten sie gemeinsam zu Fuß heim auf dem Umweg über die Brücke.

Mathilde dreht sich um, will wieder nachschauen, ob ihr Rucksack immer noch gut geschlossen ist und Eeyore keinen Regen abbekommen hat. Er mag Wasser nicht. Er hatte auch den Ölanzug nicht gemocht. Sie steht auf und wendet dem See den Rücken zu. Der Regen lässt etwas nach, als sie durch den Torbogen geht und im Square du Mont-Blanc ankommt. Noch nie hat sie hier ein Kind gesehen. Man könnte meinen, die Leute in der Rue du Mont-Blanc, der Rue des Alpes und der Rue du Lévrier machten keine Kinder. Dabei wäre der Square ideal für die Installation eines Basketballkorbs, dann könnte sie da mit Henry spielen. Aber der Ball würde widerhallen. Die großen Häuser gegenüber am Quai mögen vielleicht keine Bälle, die widerhallen.

Zu dieser Stunde kommt das Licht nicht mehr zu den vier Bänken, die um das Mittelstück herumstehen, nicht zu den Tauben auf den Bänken, und nicht zu den vier Grashügelchen. Nur die Wege des kleinen Parks schimmern schwach. Unter Mathildes Füßen ist der Asphalt von Regenwürmern bedeckt, als wenn sie mit dem Regen vom Himmel gefallen wären. Dieser Eindruck ist so verblüffend, dass sie zum Himmel hinaufschaut, um sich zu vergewissern, dass keine mehr herunterfallen. Die Würmer, unterschiedlich lang, orientieren sich alle im rechten Winkel zur Allee. Der Regen hat in ihnen das plötzliche Verlangen hervorgerufen, diese endlose Fläche von ungastlichem Asphalt zu überqueren, wie in einem Exodus hin zu neuen Ländern, die Stämme auf der einen Seite des Wegs sind davon überzeugt, auf der anderen Seite grüneres Gras zu finden, und vice-versa. Mathilde geht über den Square und zertritt unwillentlich mehrere dieser Wesen voller Hoffnung, die aus ihrem Graswinkel in der gleichen Art hervorstürzen wie ein kleines Mädchen, das aus seinen Mauern ausbricht, um diesen düsteren Donnerstag zu ertragen und dabei im Grunde ihres Herzens immer noch hofft, der Vater werde während ihrer Abwesenheit heimkommen. Nun ist sie durch den zweiten Torbogen gegangen, und nun muss sie nur noch am geheimnisvollen Schaufenster des Münzhändlers vorbeigehen, das auf die Rue de Mont-Blanc hinausgeht und die Tür von Nr. 4 aufstoßen.

Der Eingangsbereich des Wohnhauses passt nicht zu dem kleinen Mädchen. Vom Erdgeschoß bis hinauf zum sechsten Stock öffnet er sich majestätisch über den Innenkorridoren, die zu den Wohnungen führen. Tagsüber fällt das Licht vom Glasfirst bis ins Erdgeschoß mit solch dramatischer Intensität, dass man unwillkürlich hinaufschauen muss. Auf einer breiten Treppe, die sich auf bemerkenswerte Weise um eine raffiniert schmale

Spindel windet, kommt man zu den Treppenabsätzen.
Auf jedem Stockwerk stehen sich zwei Wohnungen
gegenüber. Als Mathilde auf dem Treppenabsatz im
sechsten Stock angekommen ist, vermeidet sie es, zu der
ihrer Wohnung gegenüberliegenden Tür zu schauen. Auf
dem Schild steht *Madame C. Giallo, Hauswartin.* Für
Mathilde handelt es sich ganz einfach um den Gy. Im
Augenblick ist das kleine Mädchen die Einzige, die weiß,
dass es sich nicht um die Tür von Madame C. Giallo
handelt, sondern um die des Gy. Wann und wie sich die
Nachbarin in Gy verwandelt hat, wobei sie nicht nur
Aussehen und Volumen, sondern auch ihr Wesen verändert hat, daran erinnert sich Mathilde nicht. Ihr genügt
das Wissen, dass die Verwandlung Tatsache ist und
dass das echte Gesicht, das einmal das von Madame C.
Giallo gewesen war, seit langem eine unglückliche Kollision mit der erschreckenden Zeichnung eines Drachens
erlitten hat – Beißwerkzeuge, Schuppen, Höcker – gesehen in einem Märchenbuch. Die unglücklichen Mieter
des Hauses, die ihr über den Weg laufen, grüßt der Gy,
indem er ihnen den Rücken zuwendet und sie über eine
Schulter hinweg anschaut. Dieses Kunststück ist möglich dank seiner unglaublich weichen Halswirbel. Der
erschreckende Effekt dieses Grußes wird noch verstärkt
durch die tief in ihren Höhlen liegenden Augen. Der Gy
ist eine diskrete Anwesenheit im Haus, quasi unsichtbar,
und das macht die Aussicht auf ein unvorhergesehenes
Aufeinanderstoßen noch furchtbarer. Mathilde wüsste

nicht genau zu beschreiben, wie das gekommen ist, aber sie zweifelt nicht daran, dass der Gy sich im Körper von Madame C. Giallo eingenistet hat und die Angst sich in ihrem. Es wäre wirklich furchtbar, wenn der Gy genau in diesem Augenblick herauskommen wollte, bevor sie nicht ihre sichere Wohnung erreicht hätte.

Ja, rechts, der Korridor des Gy muss unbedingt vermieden werden, der links ist auch nicht viel besser. Hier wurde das VERSCHWINDEN mitgeteilt. Die Klingel der Eingangstür hatte geläutet, als Elise, Henry und Mathilde gerade frühstückten. Mathilde ging öffnen. Drei Männer in Uniform mit dicken Schultern standen im Korridor. Zuerst hatte sie geglaubt, sie habe den Caran-d'Ache-Wettbewerb gewonnen, und die Polizei sei so gnädig, sich extra zu ihr zu begeben und es ihr mitzuteilen. Ihre Zeichnung zeigte einen Turm, der nach der Fibonacci-Reihe gen Himmel steigt. Ihre Mutter und Henry kamen nun auch zum Eingang, sie spürten an der Art des Schweigens, dass es sich nicht um einen harmlosen Sonntagsbesuch handelte.

Seit diesem Tag ist sich Mathilde sicher, dass die drei Silhouetten der Männer den Korridor nicht verlassen haben, im Gegenteil, sie haben sich langsam aufgelöst, bis sie das Herbstlicht, das aus dem Oberfenster hereinfiel, verdunkelt hatten.

Mathilde geht hinein. Die hüpfende Vorfreude auf das Heimkommen zur Mutter nach der Schule gehört nun zu einem anderen Leben. Sie sucht sie und stößt auf die verschlossene Tür zum Elternzimmer. »Mathilde!« Leise dringt Henrys Stimme durch die Wohnung.

Der Fernseher, ein schönes Modell mit Holz rundherum und grauem gewölbtem Bildschirm, in dem sich die Wohnzimmerdecke spiegelt, wurde neben den Kamin gestellt. Das Sofa hatte man auf dieses neue Ding zum Anschauen ausgerichtet. Der Sessel des Vaters ist leer. Am Ende der Sommerferien, bevor er mit seinem Boot wegfuhr, war Mathilde dort noch auf seinen Knien gesessen. Sie schauten zusammen ins Feuer. Sie durfte das Klebeband von seinem Tabakpäckchen lösen, das beschichtete Papier glattstreichen, ein Häufchen von dem Tabak mit Vanillearoma entnehmen und seine Pfeife damit stopfen. Die Mutter nannte diese Ecke im Wohnzimmer den »Cordsamtpalast« wegen des Sesselbezugs und der unveränderlichen Hosen von Vater und Tochter, braun beim Vater, orange bei der Tochter. Mathilde setzt sich neben den Bruder auf das Sofa. Es ist *Wilder Westen-Zeit*. In dieser Episode sind James West und Artemus Gordon mit einem Schurken konfrontiert, der zwei Särge in ihrer Größe hat machen lassen und sie ihnen zeigt. Eine Stunde später ist alles in Ordnung, in einem der Särge liegt der Böse. Die zwei Gerechten kehren in ihren Privatzug zurück, und der Abspann läuft über den Bildschirm. Die Serie hat den Vater für eine Stunde ersetzt.

In dieser Stunde haben Mathilde und Henry fast nicht an das VERSCHWINDEN gedacht. Fernsehen ist eine gute Sache. Aber trotzdem, besser wäre gewesen, die Eltern hätten sich für das Fernsehen entschieden, ohne dass einer von ihnen dafür hätte verschwinden müssen.

Eeyore hatte *Der wilde Westen* auch angeschaut, aber gleichgültiger. Eeyore gehört zu den Freunden von *Winnie the Pooh,* den Figuren, die A.A. Milne erfunden hat. Für das kleine Mädchen sind das ständige Begleiter. Eeyore, der illusionslose Esel, ist ihr Liebling. Mit seinen molligen Pfoten, dem runden Körper und dem existenziellen Ausdruck von Niedergeschlagenheit ist Mathildes Kuscheltier das genaue Abbild der Zeichnungen im Buch. In den *Winnie-the-Pooh*-Geschichten hat unweigerlich immer dieser arme graue Esel Pech. Er nimmt dieses hartnäckige Schicksal mit müdem Fatalismus auf sich. Mathilde liebt ihn, weil er schutzbedürftig ist. Sie gibt ihr Bestes, um ihn dazu zu erziehen, die Dinge positiv zu sehen. Sie nimmt ihn mit in die Wohnung und lässt ihn dann manchmal für ein paar Minuten allein auf dem Tisch oder sogar auf dem Boden sitzen. Wenn sie zu ihm zurückkommt, sagt sie: »Du siehst doch, Eeyore, es ist dir nichts passiert«, und im Allgemeinen ist das auch so.

Mathildes Mutter hat es geschafft, sich vom ehelichen Schlafzimmer in die Küche zu seufzen, um das Abendessen zu richten. Mathilde geht zu ihr und deckt den Tisch. Ihre Mutter holt Schüsseln heraus, lässt Wasser laufen, öffnet die Schränke mit offensichtlich erheblicher Gedächtnisanstrengung. Wozu braucht man diesen Topf? Wozu braucht man diese Konserve? Sie trägt die verblüffte Miene von jemandem zur Schau, die sich konzentrieren will. Mathilde verteilt Besteck und Teller und versucht, das Geklapper zu dämpfen. Sie möchte auf keinen Fall eine zusätzliche Schwierigkeit verursachen, die Traurigkeit verstärken. Es ist ohnedies alles schon so schwer. Seit dem VER-SCHWINDEN haben sich schnell Blöcke geformt, der Block der Mutter und der Block der Tochter, beide unfähig, einander zu helfen. In der Küche begegnen sich diese Blöcke auf höfliche Art.

Mathilde nimmt Eeyore mit ins Badezimmer, wo sie sich vor dem Essen die Hände wäscht und setzt ihn in das kleine Regalfach, auf dem sich zwei Bücher befinden, *Great Operatic Disasters* 1 und 2, die sie nicht gelesen hat, deren Illustrationen ihr aber gefallen. Man sieht da Sängerinnen mit Brüsten, breit wie ein Brett, wie sie in den Orchestergraben fallen oder wie ihre Blusen platzen. Die Bücher lehnen an dem verkleinerten Modell eines Segelschiffs, das in der Bretagne anlässlich der Ankunft einer Regatta gekauft worden war. Ein gutes Viertel des Badezimmers wird von dem Rund der großen Treppe eingenommen, die zu den Wohnungen führt. Als Mathildes Mutter schwanger war, hatte sie das Badezimmer grün und blau gestrichen, dass es wie der Ozean aussah. Der Wasserspiegel zieht sich durch den ganzen Raum und auch über die Fensterscheiben, die auf den Korridor gehen. Als Hommage an die walisische Herkunft ihres Mannes hatte sie das Lüftungstürchen oberhalb der Toilettenschüssel mit den Farben einer Piratenflagge dekoriert. Das Türchen öffnet sich zu einem dunklen Schacht, der über die gesamte Höhe des Mietshauses geht. Wenn Mathilde sich auf den Toilettendeckel stellt, kann sie sich so weit darüber beugen, dass sie den schwarzen Brunnen sieht, der in allen Einzelheiten dem ähnelt, in den sich Alice im Wunderland geworfen sah. »Der Lüftungsschacht ist kein Abfalleimer!«, erinnerte sie ihr Vater, als wenn er selbst ihn regelmäßig leeren müsste. Aber weder Mathilde noch ihr Bruder haben je zum Spaß irgendwelchen Quatsch hineingeworfen. Allerdings einmal an einem Nachmittag, das stimmt, da haben sie langsam ein an einer Schnur hängendes Noddy-Figürchen hintergleiten lassen unter dem fadenscheinigen Vorwand einer Reise zum Mittelpunkt der Erde. Nach einigen Monaten war auch die Schnur, die sie in den Fensterrahmen geklemmt hatten, hinunter in die Tiefe gefallen, und Noddy konnte nie mehr aus dem Abgrund hervorgeholt werden.

Mathilde stellt sich auf den Toilettendeckel, öffnet das Türchen und steckt den Kopf hinein und schaut hinunter. Das Schwarz ist fast vollkommen. Kein einziges Badezimmer der unteren Stockwerke ist zu dieser Zeit beleuchtet. Schnell nimmt sie das kleine bretonische Segelschiff und wirft es in den Schacht. Es fällt ein bisschen zu schnell – sie kann nicht sehen wie – und zerbricht mit dumpfem Geräusch im Schwarz. Eeyore sitzt immer noch auf dem Regal. Er hat keine Miene verzogen. Der Filzstreifen, der seine Wimpern darstellt, ist unter den Augen angenäht. Das Leben ist eine lange Reihe von Ungerechtigkeiten, scheint er ewig sagen zu wollen. Gnadenlos packt sie ihn und wirft auch ihn hinunter in den Schacht. Sie hört nichts, als er sanft unten aufschlägt. Ohne zu zittern, macht sie das Türchen wieder zu.

HUBERT VAGNIÈRE HAT DAS PYJAMAOBERTEIL anbehalten. Er macht die Augen auf und schaut auf seine Frau unter sich beim Erfüllen der ehelichen Pflicht. Sie selbst hatte den Freitag dafür gewählt, weil sie am Samstag mehr Zeit mit Alpaga verbringt. Er hat die Logik dieser Erklärung noch nicht verstanden. Der Freitagabend, das schmale Zeitfenster zwischen dem Zubettgehen und dem Einschlafen ist der Erfüllung der ehelichen Pflicht gewidmet, und damit genug. Offensichtlich ist sich seine Frau des Nutzens der bereits eingeführten Strukturen bewusst und gibt sich brav der Übung hin. Das Protokoll des Freitagabends ist so gut eingeführt, dass kein Vorspiel mehr nötig ist, im Übrigen auch nicht verlangt wird. Manchmal gesteht sich Hubert ein, dass er Helene gern gestatten würde, sich diesen Moment zu ersparen. In ihren Gesprächen waren die Themen Lust oder Pflicht nie zur Sprache gekommen. Und werden es auch nie. Das ist absolut tabu.

Hubert weiß, dass er schwer ist, er achtet darauf, dass Helene nicht zu viel Gewicht ertragen muss. An ihr ist nichts weich. Hubert passt sein Repertoire dementsprechend an, dabei hat er nur wenige andere Frauen kennen gelernt, und von diesen wenigen hat jedenfalls keine ausdrücklich komplexere Stellungen von ihm erwartet. Er setzt den Schlusspunkt auf seine summarische Choreographie, dann lässt er sich auf die linke Seite fallen. Ein letztes Bild von Madame Pons, die gerade eine Zollschranke mit einem weichen Lappen blankputzt, verlöscht allmählich. »Gute Nacht, Schatz«, sagt er noch. »Ich gehe in den Stall«, antwortet sie und zieht einen Morgenmantel über das Nachthemd. Er hört, wie das Klickern ihrer Pantoffeln leiser wird.

Solange Hubert zurückdenken kann, hat seine Frau immer auf den Moment hingelebt, an dem sie bei ihren Pferden sein konnte, insbesondere bei Alpaga, an dem sie in den Stall gehen, den Pferdegeruch einatmen, mit der Hand über einen Hals streichen, satteln, aufsteigen, galoppieren konnte. Die Kinder kamen jeweils danach. Sie sind mit dem instinktiven Gefühl groß geworden, ihre Mutter würde als Erstes ihr Pferd aus dem brennenden Haus retten. Zum Glück ist nie ein Feuer ausgebrochen. Alpaga ist zur selben Zeit groß geworden wie die Jungen. Helene ging zu ihm, ehe sie das Frühstück für ihre Jungen gerichtet hatte. Aber nicht darin liegt die Ungerechtigkeit. Die große Ungerechtigkeit liegt darin, dass die Kinder jetzt junge Männer voller Energie sind, während Alpaga ein sehr altes Pferd geworden ist.

Hubert hat erst ein paar Minuten geschlafen, da wird er aus einer paradoxen Traumphase gerissen. Helene ist über ihn gebeugt, mit der Hand packt sie ihn fest an der Schulter und rüttelt ihn mechanisch, als ob sie sich nicht mehr erinnerte, wozu eine Schulter da sein könnte. Hubert, heftig durchgeschüttelt, braucht seine ganze Kraft, um sich zu befreien. Er versteht sehr schnell.

Als Elise in die Schule ging, kam man von der Primarschule aufs Gymnasium, wenn man begabt dafür war, wenn nicht, ging es direkt auf die Berufsschule oder in eine Lehre. Elise wollte Malerin oder Fotografin werden. Ihr Vater, Zahnarzt, legte sein Veto ein, sie musste aufs Gymnasium. Da blieb nichts übrig, als zu gehorchen. Bevor Henry angefangen hatte, die Schule zu schwänzen, hatte sie nie wirklich an alle die gedacht, die nicht früh genug gut genug waren. Die waren verschluckt worden. Die hatte sie nie mehr gesehen. Um diesem Problem gerecht zu werden, wurde dann die Orientierungsstufe, die drei Jahre dauert, zwischen Primarschule und nach obligatorischer Ausbildung eingefügt, das bot den Kindern einen Aufschub in der Wahl ihrer Zukunft.

Vom Bus aus sieht Elise von der Seite den imposanten modernen Bau der Orientierungsstufe, zwischen Stadt und Land gebaut und von frischem Beton umgeben. Obwohl er schon im letzten obligatorischen Jahr ist, fühlt Henry sich überhaupt nicht orientiert und sieht nicht, wie die Richtung der Orientierung einfach so über ihn kommen könnte. Elise war nicht die Einzige, die ihm einschärfen wollte, dass er schon wissen müsse, was er werden wolle, da er sonst keine Chance habe, es zu werden.

Er hatte sich mit ihr auf der anderen Straßenseite verabredet. Eine städtische Stahlkonstruktion war dort aufgestellt für soziale Kontakte. Elise sieht ihren Sohn inmitten von Freunden. Er hat sie auch gesehen, aber das wunderbare tägliche Erkennungsgefühl des Kleinen, der seine Mutter wahrnimmt, was sie auch anhat, im Sommer wie im Winter, funktioniert nicht mehr, nicht bei ihm und nicht bei ihr. Elise errät, dass ihr Sohn vorhat, erst die meisten der Schüler vorbeigehen zu lassen, ehe er zu ihr hingeht.

Da sie versteht, wie schwierig es ist, die Mutter ins Büro des Direktors begleiten zu müssen, hat sie sich sehr um angemessene Kleidung bemüht. Ist sie etwa geschrumpft oder ist er noch gewachsen, während dem, was er die »endlose Deutschstunde« nennt? Er sagt nie einfach nur »die Deutschstunde.«

Sie nähert sich ihrem Riesen von Sohn. In einem einzigen Jahr sind Knie, Hüften und Kopf des Jungen zehn Zentimeter nach oben gewandert. Andrew war stolz gewesen auf dieses Wachstum. Er drückte seinen Rücken an den seines Sohnes, feixte dabei wie ein alter Affe: »Bei diesem Rhythmus werden wir uns bald treffen, Großer! Du wirst nicht einmal von meinen Cordsamthosen profitieren können!« Henry feixte zurück. Er trägt Jeans mit Schlag und mit geprägten Gesäßtaschen wie die Osmonds Brothers.

Henrys Schulfreunde zerstreuen sich. Einige haben schon ein Mofa. Danilo startet in einer Rauchwolke, er hat Elise nicht gegrüßt. Hat er sie überhaupt erkannt? Sie ist sich bewusst, dass sie seit dem letzten Mal, als er zu ihnen ins Haus gekommen war, ganz schön abgebaut hat. Sie weiß, dass Henry auch von einem solchen Modell träumt, mit ovalem Sattel und dem Aufkleber Kiss schräg auf dem Benzintank, aber in schwarz. Danilo hatte Elise erklärt, dass es überhaupt nicht gefährlich sei. Man müsse nur wissen, dass man ein Pedal in der Kurve nicht unten lassen dürfe, sonst finde man sich zehn Meter weiter als Brei wieder, unter einen Bus oder einen Lastwagen geschleudert.

Henry bringt sie schweigend bis zum Büro des Direktors. Es gibt nicht viel zur Situation zu sagen, nur zu hoffen, dass die Unterredung so kurz wie möglich werde. Der Direktor empfängt sie mit subtilen Mitleidsgesten.

»Madame, es ist so, dass Ihr Sohn nicht mehr sehr regelmäßig in die Schule kommt, beziehungsweise, es tut mir leid, das sagen zu müssen, fast überhaupt nicht mehr. Seine Lehrer kennen die traurigen Umstände, in denen Sie sich seit Beginn des Schuljahres befinden, und wollten Ihren Sohn nicht bestrafen, aber Tatsache ist, dass Ihre Unterschrift sehr ungewöhnliche Formen angenommen hat ...«

Elise unterbricht ihn.

»Haben Sie gesehen, wie er gewachsen ist?«

»Gewiss, er ist gewachsen. In drei Jahren wachsen alle.«

»Ich weiß, dass die Schule obligatorisch ist, aber ich sehe nicht, wie ich ihn aus der Wohnung und zum Einsteigen in den Bus bringen soll. Mit Gewalt?«

»Werden Sie von Verwandten, Professionellen unterstützt ...?«

Während er ihr das Prinzip des psychologischen Dienstes im Kanton erklärt, schaut Elise zum Fenster hinaus. Sie haben daran gedacht, ein paar Bäume zu pflanzen. Der Ton seiner höflichen Stimme klingt in ihren Ohren, wie wenn irgendwo eine Badewanne gefüllt wird. Auch Henry scheint woanders zu sein. Sie nimmt ihren Schal ab, der ihr den Hals einengt.

»Wissen Sie, wie man früher die Bergstraßen angelegt hat?«, fragt unerwartet der Direktor.

Die Badewanne hört auf sich zu füllen. Elise, die keinerlei Zusammenhang zu ihrem Sohn sieht, antwortet mit nein.

»Sie ließen zuerst einen Esel hinaufsteigen. Dieser zeigte ihnen den besten Weg. Dann bauten sie die Straße da, wo der Esel gegangen war.«

»Ja, und?«

»Manche Menschen wissen nicht, dass sie Esel sind.«

»Mein Sohn ist also ein Esel?«

»Ein Esel findet nicht den besten Weg, weil er intuitiv weiß, wohin er gehen muss. Er findet ihn, weil er weiß, wohin er nicht gehen will.«

Henry verdreht, fast schon unverschämt, die Augen.

»Ja nun, wenn er nicht in die Schule will, was soll ich machen?«, fragt Elise, aus der Fassung gebracht. »Ich verstehe kein Wort von dieser Eselsgeschichte.«

Zwei Schweißmoränen rinnen ihr das Rückgrat hinab. Plötzlich sieht sie überhaupt nicht, wie sie mit all diesen neuen Gegebenheiten umgehen können soll, dem Esel, der Pubertät, dem großen Grab Ärmelkanal, einem offensichtlich dummen Direktor. Sie steht jetzt mit rotem Gesicht vor ihm, sie weiß genau, dass sie auf keinen Fall sprechen sollte, wenn sie sich von dem Gefühl überwältigen lässt, *nicht verstanden* zu werden.

»Also, was soll ich tun? Was soll diese Geschichte mit dem Esel? Drücken Sie sich doch bitte klarer aus! Prä-zi-ser!«

Die letzten Worte kommen ein bisschen zu scharf aus ihrem Mund. Der Direktor bleibt völlig ungerührt, als wäre die Hysterie bei Frauen ein ganz gewöhnliches Phänomen für ihn. Henry ist auch aufgestanden, um seine Mutter zurückzuhalten. Er nimmt sie in die Arme.

»Komm, Mama, beruhige dich. Wir gehen.«

Aber Elise macht sich frei und legt ihre feuchten Hände auf den Schreibtisch des Direktors. Sie beugt sich mit zitternden Lippen zu ihm hin, er aber rührt sich nicht. Man darf ihn auf keinen Fall berühren. Das wäre eine Grenze, die man nicht überschreiten darf. Aber mit dem Mogadon weiß man nicht so genau, wo die Grenzen sind. Sie streckt einen Finger vor, einen einzigen, um ihn auf seinen Brustkorb zu legen.

»Also bitte, ist hier alles aus Beton?«, brüllt sie noch, ehe Henry sie aus dem Büro ziehen kann.

Beide sind unter Schock, jeder stößt einen der Türflügel aus Holz und Metall auf, der auf den Hof geht. Die Tür knallt hinter ihnen zu.

»Wo ist mein Schal?«, fragt Elise, sie schaut immer noch ein bisschen verstört aus. Sie hat geschwitzt, die Haare kleben ihr am Schädel.

»Ich habe ihn«, antwortet Henry.

Überrascht schaut sie ihren Sohn im Profil an. Der Junge hat daran gedacht, die Mutter zu packen und den Schal.

VOM GIPFEL DES MONT-BLANC aus kann ein Adler die Reede in ganz klein sehen, und er könnte sie leicht in weniger als vierzig Minuten erreichen. Aber die Adler meiden Genf. Sie mögen keine Talkessel. Der Wind hingegen liebt sie. Er liebt die Quais, er liebt das Wasser, die Schiffsmasten, und er spielt gern mit der Laune der Genfer. Da er von den Höhenzügen aufgehalten wird, braucht er etwa eine Stunde für den gleichen Weg wie der Adler. Er fliegt zuerst über die Aravis-Gebirgskette, überquert pfeifend das Trou de la Mouche, surft über die felsigen Flanken des Pic de Jallouvre, dreht aus Prinzip einmal eine Runde um den fast perfekten Kegel des Môle und erreicht Genf über die A 40. Hier ändert er seinen Namen, die Genfer haben ihn Môlan getauft. Der Môlan ist von seinem Alpenüberflug exaltiert. Keine Wolke am Himmel wegzubugsieren, keine großen Anstrengungen, reines Vergnügen. Er betritt Genf mit dem Gehabe eines Kapellmeisters. Er erwartet, dass ihm von allem, was sich bewegt, gehorcht wird und gerät in Ärger, wenn etwas hakt. Ein kleines Mädchen zum Beispiel, das ohne Grund mitten auf der Mont-Blanc-Brücke stehen bleibt, angeblich um die *Genfer Möwen* zu beobachten, das kann ihm ungemein auf die Nerven gehen, umso mehr, als die *Genfer Möwen* im Winter gar nicht verkehren. Dieses kleine Mädchen da reißt er von der Brüstung und stößt sie weit weg vom Geschehen, wie einen Schwan, der auf der Brücke gestrandet ist und sich von ungeduldigen Autofahrern vertreiben lässt. Der Wind schimpft sie aus, da geht sie lieber in eine Toreinfahrt, durchquert den kleinen tristen Square, wo ein einsamer Hund eine grau gekleidete Dame spazieren führt. Sobald das kleine Mädchen gut im Innern seines Mietshauses angekommen ist, klettert er aufs Dach und dringt schelmisch in einen der dortigen Kamine ein. Dann stürzt er sich in einen engen dunklen Schacht, was er nicht vorgehabt hatte und was ihn eine Menge Energie kostet. Dieser Schlauch kommt ihm plötzlich nicht geheuer vor. Als er mit seinem schwindelerregenden Sturz ganz unten angekommen ist, bleibt nur noch ein schwacher Hauch von ihm, zu schwach, um den Pelz innen in einem Ohr zum Zittern zu bringen, dem eines Plüschesels, der auf der Seite liegt.

MADAME PONS HAT SICH KRANKGEMELDET. Die Diagnose sei gestellt, eine Rückenoperation nötig. Hubert Vagnière legt den Hörer auf und erhebt sich, um sich das Büro seiner Perle anzuschauen. Diese hat alles in perfekter Ordnung hinterlassen. In einer Stunde werden die ersten Besucher eintreten, und dann ist es an ihm, sie zu empfangen, was ihm völlig absurd vorkommt. Hier ist es der Rücken, dort der Ehemann, der ins Wasser fällt, nicht zu vergessen der Gaul, der ins Gras gebissen hat.

Die Ruhe im Museum wird bedrückend. Das einzige Geräusch kommt vom Lappen Carmelas, die den Marmorboden im Eingang putzt. Er muss Elise Kinley anrufen. Er setzt sich auf Madame Pons' leeren Stuhl.

»Kinley«, sagt eine belegte Stimme.

»Hubert Vagnière, Madame Pons wird am Rücken operiert.«

»Ah.«

»Sie müssen trotz allem wiederkommen. Madame Pons wird mehrere Wochen lang fehlen.«

»Hm.«

Ist sie unter Valium?, fragt sich Hubert. Er artikuliert sehr deutlich in den Hörer.

»Ich bräuchte Sie Vollzeit. Ich brauche jemanden für die Rezeption, und es sind Briefe zu tippen.«

»Nein, das ist zu früh. Ich sehe mich auf Grund meiner Lage noch nicht dazu imstande.«

Zu früh! Das ist verrückt, diese Frau hat seit mehr als einem Monat keinen Fuß mehr ins Museum gesetzt.

»Ja, ich verstehe«, sagt er, »meine Frau beweint den Tod ihres Hengstes.«

»Aber …«

»Sie sind seit zwanzig Jahren zusammen. Sie ist total niedergeschlagen«, erklärt Hubert und hört auf, den kleinen Feldschienen-Porzellanfuß auf dem Schreibtisch Schlittschuh laufen zu lassen.

Sie antwortet nicht sofort. Sie ist nicht wieder eingeschlafen. Er hört, wie sie ihre Position ändert.

»Vielleicht gibt es eine Selbsthilfegruppe für Menschen, die ihr Pferd verloren haben.«

Die Stimme ist nun klarer, aber auch schärfer.

»Madame Kinley, die Lage ist ernst. Die Weihnachtsfeier der Sponsoren naht. Es sind Schachteln auf dem Speicher, die noch nicht einmal etikettiert sind. Die neue Ausstellung muss aufgebaut und die arme Madame Pons an der Schreibmaschine vertreten werden.«

»Und an der Kaffeemaschine«, vervollständigt sie.

Seine Mitarbeiterin scheint sich für das Opfer eines ausgedehnten Komplotts zu halten. Er ist so entnervt, dass er sein Ziel darüber vergisst.

»Sie schaffen das ohne weiteres, trotz ihres Zustands. Es ist nicht schwierig. Wenn Sie ein A brauchen, tippen Sie auf die Taste A, und so immer weiter bis zum Z. Ich kümmere mich um die Analyse für die Van Neuenkirch-Platte.«

»Machen wir es doch bitte umgekehrt. Von nun an bis Anfang Dezember werde ich die Kraft aufbringen, über die Van Neuenkirch zu forschen. Sie können die Analyse dann selbst tippen. Das ist ganz einfach, Sie werden sehen, die Tasten sind sogar für voluminösere Finger geeignet.«

»Wenn das so ist, dann muss ich wohl auf Ihre ausgezeichneten Kenntnisse verzichten.«

Im Geist geht er die Liste all der Personen durch, die sich möglicherweise rasch um die Sammlungen kümmern könnten, die Elise durch und durch kennt. Er findet niemanden.

»Hören Sie, Monsieur Vagnière, ich habe einen Sohn, der sich weigert, in die Schule zu gehen, eine Tochter, die auf einem anderen Planeten lebt und einen Hausarzt, der meine Mogadon-Dosis rationiert, wenn Ihnen das egal ist, lege ich auf. Ach, danke noch für Ihre Zeilen, Monsieur Vagnière. Sehr berührt. Madame Pons hat die richtigen Worte gefunden.«

Und sie legt auf.

Es war also nicht Valium, es war Mogadon. Da ist eine Gemeinsamkeit mit Helene, die Barbiturate. Aber wirklich die einzige.

Im Interesse seiner Persönlichkeitsentwicklung – ein Impuls, der ihn ehrt – lässt er das Gespräch noch einmal an sich vorüberziehen, ohne jedoch einen Grund zu finden, sich etwas vorwerfen zu müssen. Madame Kinley ist in erster Linie eine Frau. Nur eine Frau kann Frauendinge machen, die Einladungen zu Händen der Sponsoren und der potenziellen Geldgeber formulieren, die Druckerei kontaktieren, die

Einladungen, sobald sie gedruckt sind, verschicken, auf die Post gehen. Überhaupt, Madame Pons wartet ja erst auf ihre Operation. Sie könnte vielleicht weniger arbeiten. Sie hat bestimmt Sehnsucht nach ihm. Er wählt die Nummer der Perle, verspürt ein gewisses Vergnügen, seine Finger in die Löcher der Wählscheibe zu drücken da, wo sie die ihren hineingedrückt hat. Aber Madame Pons lehnt das liebenswürdige Angebot ab. Die Schmerzen halten an, und die Folgen der Operation werden ihr leider nicht erlauben, die Arbeit vor Ablauf mehrerer Wochen wiederaufzunehmen. Sie empfiehlt ihm noch einmal, sich an eine Stelle für temporäre Arbeitsvermittlung zu wenden, bedauert und legt auf, ehe Hubert sie fragen kann, warum sie nicht selbst dort anruft. Sie ist mehr mit sich selbst beschäftigt als mit mir, sagt er sich bedrückt.

Hubert fühlt sich plötzlich sehr müde. Die Besucher des Porzellan- und Silbermuseums werden immer seltener. Er müsste seine ganze Energie einsetzen, um andere zu finden und sich nicht nur um die Basisverwaltung zu kümmern. Das Telefon klingelt, es ist Helene.

»Hubert«, haucht eine ersterbende Stimme.

Noch vor wenigen Wochen war Helene eine an Leib und Geist starke Frau. Seit Alpagas Tod hat sie ihren Glanz, einige Kilos und den unerschütterlichen Glauben an ihre eigene Autorität verloren.

»Hubeeeeert«, die zweite Silbe lässt sie langgedehnt ersterben.

»Ja, Helene?«, fragt er, zielführend.

»Ich habe die Einkäufe nicht machen können, ich habe Carmela einen Schein gegeben.«

»Hast du gut gemacht.«

»Es gibt dann wieder Ossobuco.«

»In Ordnung«, antwortet er.

»Die Zeremonie für Alpaga ist morgen um vier Uhr«, haucht sie.

Hubert hofft, vor seiner Frau zu sterben. Dieses lange Dahinsiechen macht ihn ganz verrückt.

»Ich werde es natürlich einrichten, dass ich kommen kann. Aber ich muss dann das Museum schließen, meine Sekretärin ist krankgeschrieben.«

Helene findet die Kraft, sich zu entrüsten.

»Bitte nicht diese Frau um die Vertretung, Hubert. Stell dir doch bloß vor, sie würde Vollzeit für dich arbeiten.«

»Diese Frau« ist, das weiß Hubert, Elise Kinley.

ALLE SECHS MONATE dreht Mathilde ihr Bett um einen Viertelkreis. Im April stellt sie es parallel zum Fenster. Im Oktober ist es wieder im rechten Winkel zwischen dem Einbauschrank und der hinteren Wand. Nun ist es schon Oktober, aber das Bett hat sich seit dem Frühling nicht bewegt. Ein Nachttischchen, ein Schreibtisch und ein Bücherregal vervollständigen das klassische Kinderzimmer. Die ausladenden Spielsachen wie der *pogo stick,* die Rollschuhe und der Erste-Hilfe-Koffer stehen aufgereiht am Radiator unterm Fensterbrett.

Auf den ersten Blick ist seine Bewohnerin nicht im Zimmer, wenn man aber genauer hinschaut, sieht man einen Lichtschein aus dem Spalt zwischen dem Rahmen und den Türen des Schranks dringen. Ein elektrisches Kabel, das unten aus einer Schrankecke herausführt, gibt einen Hinweis auf die Quelle dieses Lichts. Das Innere des Schranks ist bei weitem groß genug für Wintermäntel, Hut- und Schuhschachteln, Ballkleider, Schubladen für Handschuhe und Haarreife. Da Mathilde nichts von einer Dame hat, genügt für ihre bescheidene Garderobe eines der großen Ablagebretter oberhalb der Kleiderstange vollkommen. Der dadurch freigewordene Platz dient ihr als bequemer Ort, um ihren Beschäftigungen nachzugehen oder um gar nichts zu tun. Ursprünglich funktionierte der Schrank als Rückzugsort in schwierigen Momenten, meistens nach einem Streit mit ihrem Bruder. Seit dem September haben die schwierigen Momente nichts mehr mit ihrem Bruder zu tun.

Der Komfort im Zimmer ist zurzeit noch dürftig. Mathilde hat sich damit begnügt, die einzelnen Teile umzubenennen. Die Schublade, aufrecht auf eine Kante gestellt, wurde in »Schreibtischstuhl« umgetauft und der wackelige Karton, auf den sie ihre Papiere und die Nachttischlampe gelegt hat, in »Schreibtisch«.

Möglicherweise ist dieser Schrank aber ja auch ein Zauberschrank so wie der in *Die Welt von Narnia,* dem Roman von C. S. Lewis, wenn er auch nicht mit Pelzmänteln gefüllt ist und Mathilde nicht Lucy heißt. Der Mechanismus, der sie von einer Welt in eine andere lässt, kann durchaus vorübergehend blockiert sein. Sie hat schon allerlei Praktiken ausprobiert, um ihn zu entsperren, also im Dunkeln vollkommen bewegungslos zu bleiben oder zu beten, für den Moment ohne Erfolg. Die Rückwand hat sich noch nicht aufgetan.

Mathilde fragt sich, ob sie dieses Buch zerschneiden darf, ein Geschenk ihres Vaters, es heißt *Ich lerne malen mit Vasarely.* Einerseits kommt ihr das wie ein entsetzlich respektloser Akt vor, andererseits sagt sie sich, dass ihr Vater wahrscheinlich mit einer Ausstellung in ihrem Schrank, bei der sie diese wunderbaren Werke immer vor Augen hätte, einverstanden gewesen wäre. Am besten wäre es, kleine Rahmen zum Schutz dieser Reproduktionen zu kaufen, statt sie mit Reißnägeln an die Schrankwand zu heften. Aber dafür müsste sie Mama fragen, ob sie einverstanden ist. Zu kompliziert. Die Türen öffnen sich hinter ihr.

»Komm, gehen wir in mein Zimmer.«

Henry zieht seine Schwester aus ihrem Versteck und bringt sie in sein eigenes Zimmer. Er hat gerade einen Comic gelesen, in dem Michel Vaillant mit von Müdigkeit gezeichnetem Gesicht am 24-Stunden-Rennen von Le Mans teilnimmt. Mathilde lehnt sich an ihn und mit dem Rücken ans Kopfteil des Betts.

»Wo ist Eeyore?«, fragt er sie.

Sie sagt nichts.

Im Zimmer ihres Bruders ist nur die hintere Wand nicht blau. Man kann sie bequem vom Bett aus betrachten. Ihre Mutter hat ein großes Neocolor-Bild darauf gemalt, auf dem eine Episode aus *Winnie the Pooh* dargestellt ist, nämlich *An Expotition to the North Pole*. Sie hat genau den Moment festgehalten, an dem Christopher Robin und seine Freunde aus dem Wald zu ihren Abenteuern aufbrechen. Eeyore, das Doppel von Mathildes Kuscheltier, zeigt keinerlei Begeisterung bei der Vorstellung, den Nordpol zu entdecken. Alexander Beetle, ein winziger Käfer, der den Zug beenden soll, sieht total verschreckt aus. Mathilde liebt dieses Wandbild. Mama hatte versprochen, in den Weihnachtsferien noch eines zu malen, diesmal auf Mathildes Wand. Jetzt, wo sie jeden Morgen total kaputt aufwacht, als wenn sie die Nacht in einer Disko verbracht hätte, ist nicht sicher, ob sie die Energie zu einem zweiten Wandbild haben wird.

Mathilde mag nicht an die Weihnachtsferien denken, die jedoch in großen Schritten nahen. In Sicherheit neben ihrem Bruder betrachtet sie die Zeichnungen der Autos. Michel Vaillant ist stark. Wenn er ein Rennen nicht gewinnt, so hat das einen Grund. Später wird Mathilde alle *Michel Vaillant* lesen und auch die

Rick Master ihres Bruders. Im Moment zieht sie *Onkel Dagobert* vor.

»Ins Bett!«

Vorher hätte ihre Mutter beide Arme wie einen Pfeil über den Kopf gehoben und so getan, als ob sie auf sie hechtete, oder sie wäre wirklich gehechtet wie im Schwimmbad und hätte gefragt, ob das Wasser schön warm sei. Unter ihr zerquetscht, hätte Mathilde bemerkt: »Wir sind schon im Bett, Mama.« Und Mama hätte gesagt: »Wir rufen die Zahnbürsten. Sie brauchen nur dieses eine Mal zu kommen.« Und Henry hätte hinzugefügt: »Das stört doch wohl niemanden, dass ich zermalmt bin wie ein alter Kaugummi?« Jetzt springt ihre Mutter nicht mehr. Sie ist schon wieder weg.

Henry schließt den Comic und geht mit Mathilde zum Badezimmer. Er ist fünf Jahre älter. Normalerweise hätte er gemeckert und seinen Sonderstatus als Älterer vorgeschützt. Im Badezimmer zählt er die Sanalepsi-Tropfen ab, Mathilde putzt sich inzwischen die Zähne. »Morgen läuft *Die Geheimnisse des Westens*.« Das ist alles, was er zu Mathildes Trost findet, zwei Kerle, die in einem Zug fahren und Messer aus ihren Lackstiefeln ziehen, um Gerechtigkeit zu üben. So gut wie nichts. So gut wie nichts, aber doch nicht so schlecht, wenn man der große Bruder ist, der neue Chef der Familie, und wenn man nicht so richtig weiß, was von einem erwartet wird.

Das Fenster, das auf den Korridor im Treppenhaus geht, ist schwach von den Neonleuchten aus den Nebenräumen der anderen Wohnungen erhellt. Der Korridor, der normalerweise sein Licht direkt vom Himmel empfängt, wird nachts ein Ort für angsteinflößende Kreaturen. Die Zahnbürste im Mund Mathildes steht still, als sie das gewohnte Geräusch einer sich öffnenden Tür auf dem Treppenabsatz hört. Aufgeregt flüstert sie ihrem Bruder zu: »Das ist der Gy!«, es kommt aber keine Reaktion. Henry stand nie unter dem Einfluss des Gy. Mathilde versteht nicht recht, wie so etwas möglich war. Henrys große Angst ist im Moment die Zukunft. Der Gy ist stark. Er könnte ohne weiteres vom Korridor aus die Scheibe zerschlagen und in das Badezimmer kommen. Stark genug, um Möbel zu essen? Ja. Obwohl Mathilde ihn nie dabei gesehen hat, so weiß das ganze Mietshaus, dass das Volumen der Dinge, die beim Gy hineinkommen, größer ist als das Volumen seiner Wohnung. Mathilde hat oft gehört, wie sich ihre Eltern über die Hauswartin lustig gemacht hatten, die trotz allgemeinen Verbots genötigt war, Möbel in ihren Korridor zu stellen, damit sie noch bei sich in der Wohnung herumgehen konnte. Mathilde war nie darin gewesen, sie stellt sie sich nur vor, zum Platzen vollgestellt, die Zimmer unzugänglich, das Waschbecken im Bad kaum erreichbar. Sie malt sich den Gy aus, wie es ihm in diesem Verhau gefällt, wie er seinen langen geschmeidigen Körper zum Schlafen in eine Kommodenschublade schlängelt – der Gy kann alle Formen annehmen –, und wie er dabei elektrische Kabel zerkaut und an den Möbeln knabbert. Isst der Gy auch Kinder? Das Sanalepsi ist fast schwarz. Die dreißig Tropfen bilden Schlieren im Wasser und färben es braun. Henry reicht seiner Schwester das Glas. Die Arznei wird die Bilder des Vaters, der im Wasser kämpft, nicht auslöschen können. Mathilde hätte gern ihrem Bruder einige eher technische Fragen über das VERSCHWINDEN gestellt, aber sie hat die passenden Formulierungen dafür noch nicht gefunden.

Mit offenen Augen liegt Mathilde unter ihrer Decke. Ihre Mama wird kommen und ihr eine gute Nacht wünschen. Oder, auf jeden Fall, eine Nacht. Sie ist zuerst zu Henry gegangen, denn mit dem Sanalepsi sackt er zurzeit sofort weg. Aber heute Abend dauert es eine Ewigkeit, und Mathilde fängt an, sich einige Szenarien auszudenken. Vielleicht vertraut sie Henry Geheimnisse zum VERSCHWINDEN an, eine wichtige Information? Andrew habe ganz knapp seinen Sturz vom Segelschiff überlebt, wäre von einem gerade vorbeikommenden Schifferboot gerettet worden, litte unter Gedächtnisschwund und wäre auf eine dieser klitzekleinen bretonischen Inseln gebracht und von einer Familie aufgenommen worden? Und da, genau, die Familie würde fast autark leben und hätte nie etwas vom Rest der Welt gehört? Psst, auf keinen Fall Mathilde davon erzählen, die ist zu klein, um solche Emotionen zu bewältigen. Bei diesem Gedanken taumelt das Herz des kleinen Mädchens ganz stark in seiner Brust. Sie will auch Bescheid wissen. Sie steht auf und geht in das Zimmer nebenan. Sie sind eingeschlafen. Der Schein der Nachttischlampe erhellt ihre Gesichter. Ihre Mama scheint zu Füßen ihres Bruders hingesunken zu sein. Mathilde wäre es lieber gewesen, sie wäre auf ihrem Bett eingeschlafen. Jetzt muss sie allein wachen. Die Nacht ist noch lang, das Sanalepsi unwirksam.

ZWEI VON EEYORES PFOTEN und ein großer Teil seines Rückens sind in der dicken Staubschicht versunken, die den Boden des Schachts bedeckt. Er wurde nicht beschädigt, er ist nicht einmal aufgeprallt, er ist einfach nur eingesunken. Die ältesten Schichten dieser Materie stammen aus der Mitte des XIX. Jahrhunderts, als James Fazy die Stadtmauern um Genf abreißen ließ. Die Bewohner der Wohnungen und die Leute in den Büros öffnen nur ungern das Türchen. Mit gutem Grund betrachten sie den Schacht als Quelle schlechter Luft. Zum Lüften der Badezimmer öffnen sie lieber das Fenster, das auf den Korridor geht. Die extremophilen Organismen jedoch, die sich hier niedergelassen haben, gewöhnen sich genauso gut an die Qualität der Luft wie an das vollkommene Schwarz.

Eeyores Aufschlagen war ein großes Ereignis für sie, ein Fest, ein besonderes Datum in ihrer Geschichte, wichtiger als das von Noddy. Eeyore transportierte jede Sorte aufregender Schimmelpilze mit sich, die gekommen sind, um das Biotop mit neuen Synergien zu bereichern.

Eeyore merkt nicht, wie die Zeit vergeht. Er macht sich nicht klar, dass er nun schon fast sechs Wochen in diesem überreizten Flaum auf der Seite liegt – es würde nichts bringen, es ihn wissen zu lassen – auch nicht, dass sich sein Schwanz losgelöst und ein bisschen weiter weg hingelegt hat. Sein Schwanz löste sich oft. Das kleine Mädchen brachte ihn wieder an, rollte mit den Augen dabei, um ihrem Freund klarzumachen, dass er besser aufpassen solle. Das verkleinerte Modell des Segelschiffs hingegen war bei dem heftigen Aufprall zerbrochen. Ein Teil des Rumpfes, noch mit seinen winzigen Bullaugen versehen, war bis knapp vor die linke Vorderpfote von Eeyore geschleudert worden. Er stellt ein besichtigungswertes Wrack dar, sofern sich die Nanogeschöpfe, die den Abgrund bewohnen, für Höhlen begeistern.

Es war die Großmutter des kleinen Mädchens, die Eeyore gemacht und ihn unmittelbar nach der Geburt in das Babybettchen im Spital Bois-Gentil gelegt hatte. Sein Fell, ein schöner grauer Herrenanzugsstoff, war zugeschnitten und dann mit erstaunlichem Geschick zusammengenäht worden. An den inneren Teilen ist das Grau bedauerlicherweise nur noch eine Erinnerung, ganz zu schweigen vom Weiß des Pelzes in den Ohren. Eeyores Ohren sind viel länger als die eines klassischen Esels, so lang, dass sie zu beiden Seiten seines Kopfes herunterhängen wie bei einem Cocker. Das kleine Mädchen machte sich oft einen Spaß daraus, die zwei Ohren hochzuheben und mit einem Gummi zusammenzubinden. Das linke ist in der Materie aufgegangen. Das rechte hört ja auch nichts. Mit Eeyores Augen ist auch nicht viel los, das linke ist eingesunken, und wenn das rechte sehen könnte, dann sähe es das kleine Mädchen, diese andere Partie von ihm selbst, wie es seinen Kopf durch das geöffnete Türchen steckt sechs Stockwerke weiter oben, um lang in das Dunkel unten zu starren. Im gleichen Augenblick unterbricht das mikroskopische Leben, das den grauen Stoff kolonisiert hat, kurz seine Aktivitäten, was für sie eine Minute Stille bedeutet. Eeyore ist unbelebt, aber nicht untätig. Die Großmutter hat ihn mit Werg und Liebe ausgestopft, ehe sie den Stoff zusammennähte.

EINE EINZIGE STUNDE KANN mehrere Tausend Minuten enthalten oder einige wenige. Als Elise den Kiesweg, der das Portal des Museums mit dem Eingang verbindet, hinaufgeht, ist die Zeit nicht nur langsamer geworden, sie ist ganz und gar stehen geblieben. Sobald

Elise durch die Tür dieses Mausoleums gegangen ist, hält sie den Atem an und bemerkt erst viel später den Zwang, den sie ihrem Atem angetan hat.

Das Porzellan- und Silbermuseum ist nur wenigen Menschen in Genf bekannt, zu diesen kommt eine Handvoll Besucher aus der ganzen Welt, alles Spezialisten der Tafelkunst. Der Standort oben in der Altstadt ist jedoch gut, es ist in einem kleinen privaten Stadthaus untergebracht, verfügt über eine reizende Veranda, die zu einem halbmondförmigen Garten führt. Auch das Innere ist reizend, Arts and Crafts Tapeten, Kamine mit Bandmuster, Directoire-Rahmen, Zierleisten und feine Intarsien. Leider ist nichts da, den Besucher zu empfangen, zu informieren oder zu unterhalten.

Vor dem Unfall hatte sich Elise in der Lage gesehen, das Museum zu neuem Leben zu erwecken. Jetzt nicht mehr. Die Abwesenheit von Madame Pons macht die Situation noch komplizierter. Es war nichts Genaues für die Weiterführung des Empfangs verabredet worden. Hier ist alles vage, im Schweben. Wird Hubert Vagnière selbst die Besucher empfangen? Der Arme strahlt eine derartige Unruhe aus, dass er sie eher in die Flucht schlägt. Sie weiß, dass er sie nicht mit diesem Amt beauftragen wird. Oder er würde von ihr vorher eine radikale Änderung ihres Kleidungsstils verlangen: Kostüm, Pumps, Ohrclips.

Sie ist sich bewusst, dass ihr Trauerurlaub nicht ganz dem Standard entsprach, deshalb möchte sie eine sofortige Gegenüberstellung mit ihrem Chef vermeiden. Sie wirft einen kurzen Blick in die unteren Säle, ehe sie hinaufgeht. Carmela beendigt die morgendliche Reinigung des Museums.

»Guten Tag, Carmela«, sagt sie fast flüsternd.

»Guten Tag, *Madama* Kinley«, dröhnt die Stimme der Putzfrau.

Elise bedauert sofort, dass sie nicht direkt in ihr Büro gegangen ist.

»Ich wische noch schnell über die Vitrinen. Und die Kleinen? Wie geht's?«

»Die Kleinen sind traurig, Carmela.«

»Und Monsieur Kinley? Hat man ihn nicht gefunden?«

»Nein.«

Liebe Carmela. Wenige Personen wissen die richtigen Fragen zu stellen. Diese Frage ist wirklich die große Frage. Man stellt sie ihr schon nicht mehr. In zwanzig Jahren wird Carmela noch fragen, ob Monsieur Kinley gefunden wurde. Und es wird immer die richtige Frage sein.

Carmela nimmt Elise in die Arme. Sie findet sich wieder in die weichen Formen mit der Wärme eines Backofens gedrückt. Sie macht sich klar, dass es seit dem Unfall keine anderen Arme als die dieser einfachen Frau gegeben hat, die aus Pamplona zum Arbeiten in eine ungastliche Schweiz gekommen war und ihre eigenen Kinder zurück im Land gelassen hatte.

Nach diesem wohltuenden Trost geht Elise diskret durch die Halle Richtung Treppe. Die zwei ersten geschwungenen Stufen müssen mit Vorsicht genommen werden. Ihre Marmorplatten sitzen nicht fest. Das schmiedeeiserne Geländer, ein wunderbares Blütenflechtwerk, ist schlecht befestigt. Besser, den Handlauf gar nicht zu benützen, wenn man nicht will, dass der Direktor aus seinem Büro herausgestürmt kommt und anfängt, in seinem Dreiteiler zu gestikulieren und Befehle zu brüllen, deren Haupteffekt sein wird, das darauffolgende Schweigen noch deprimierender zu machen. Dank ihrer Kreppsohlen schleicht Elise wie ein Sioux hinauf. Der Mechanismus der Uhr in der Halle bereitet sich auf das Schlagen der Stunde vor, dann schlägt der Hammer ein erstes Mal auf die Glocke. Von den harten Oberflächen zurückgeworfen, klingt der Ton merkwürdig abstrakt. Hubert Vagnière taucht aus seinem Büro auf wie aus einer Kuckucksuhr.

»Ah! Endlich!«, sagt er, beutegierig. »Guten Tag auch.«

Die Kleidung ist machtlos, wenn der Mensch darunter nicht elegant ist. Anders als bei den alten Genfern, bei denen die Kleidung völlig selbstverständlich sitzt, zerknittert bei Hubert jeder noch so schicke und gut gebügelte Anzug im Handumdrehen.

»Guten Tag auch«, antwortet sie, ohne stehen zu bleiben.

»Ich brauche Sie, ein Brief muss getippt werden. Ich kümmere mich um das Öffnen«, sagt er mit der Emphase eines Mannes, der sich nie mit so etwas befasst. Er macht viel Aufhebens um seinen Weg zur Eingangstür, bei der er den Riegel zurückschiebt.

»Meine Hände sind eiskalt«, ruft Elise ihm zu, ehe sie die Treppe hinaufstürzt.

Ihr kleines Büro diente früher als Wäschekammer. Auf der einen Seite waren alle die großen Regale entfernt worden, auf der anderen hatte man sie beibehalten, das bot Platz für die Nachschlagewerke, die man braucht, um eine Ausstellung vorzubereiten sowie um darüber zu wachen, dass diese richtig eingeordnet sind. Elise hatte diese schlechtbezahlte Arbeit schon mehrmals in Frage gestellt, obwohl sie erst vor weniger als einem Jahr eingestellt worden war. Wenn man die aufregende Welt der Künste sucht, sollte man nicht hier, in diesem Museum, arbeiten. Seit dem Unfall hat diese Frage ihre Bedeutung verloren.

Sie setzt sich noch nicht hin. Der Blick aus dem schmalen Fenster ist ein Winterzauber. Vom einen Ende der Straße bis zum anderen ist jeder Tür- und Fenstersims von einem leicht gewölbten Häufchen frisch gefallenen Schnees bedeckt. Elise beugt sich vor und stellt fest, dass der Pausenhof der Schule, die ein bisschen weiter oben an der Straße steht, von den Schülern, die Schneebälle gemacht hatten, vollkommen blankgekratzt ist. Nur ein einziger, ein kleiner Junge, ist noch außen und sitzt untätig auf den Stufen zum Eingang. Eine Lehrerin öffnet die Tür und ruft ihn. Sie geht zu ihm hin und nimmt ihn an der Hand. Mathilde, in der Schule Pâquis auf der anderen Seite der Reede, hat sicherlich etwas von diesem Kind hier. Der unsichtbare Tod hatte die offiziellen Maßnahmen verhindert, die Danksagungen und Zeremonien. Für die Kinder stand noch nicht einmal zur Debatte, nach den Ferien nicht wieder in die Schule zu müssen. Sie waren langsam in eine weiße Trauer geglitten, beide verloren im Verlauf der Wochen die Hoffnung auf intime, schwer zu teilende Weise. Elise könnte nicht sagen, ob ihre Tochter noch Hoffnung hat. Sie haben nicht darüber gesprochen.

Das Geräusch des schwankenden Treppengeländers signalisiert die baldige Ankunft Hubert Vagnières. Außer Atem tritt er ein, er hat sich nicht die Mühe gemacht anzuklopfen. Sie kann gerade noch schniefen, aber nicht die Augen trocknen.

»Gut, Madame Kinley, fangen wir auf neuer Grundlage an, mein Beileid und das alles. Wir stehen auf der Kippe, wie Sie wissen. Wenn die Versammlung der Sponsoren zu Weihnachten ein Erfolg wird, überlebt das Museum, wenn nicht, gehen wir unter.«

Er macht die Geste eines untergehenden Schiffes.

»Ein Teil von mir ist schon untergegangen, Monsieur Vagnière«, hört sie sich sagen.

Natürlich findet er keine adäquate Antwort darauf. Vielleicht versteht er überhaupt nicht, was das

Drama ist. Manche Menschen haben nie eines erlebt. Trotzdem entschließt sie sich dazu, ihm entgegenzukommen. Sie hat gerade ihr Gehalt bekommen, und dabei hat ihre Abwesenheit fast die Gesamtheit von zwei Jahresferien erreicht.

Sie beginnt etwas harsch: »Für die neue Ausstellung dachte ich, zeitgenössische Künstler mit ihren Arbeiten einzuladen. Vielleicht sogar im Freien anzufangen, im Garten, und alle Facetten des Kaolins zu nutzen und das Silber etwas beiseite zu lassen, uns auf das Porzellan zu konzentrieren, die Keramik, warum nicht Arbeiten aus Glas?«

»Ich weiß nicht, ob die Damen im Vorstand mit diesem Vorschlag einverstanden sein werden«, sagt Hubert und verzieht das Gesicht.

Elise untersucht sorgfältig den unteren Teil ihres Pullis. Die Motten haben mehrere Löcher hinterlassen, in eines könnte man sogar einen Finger stecken. Sie weiß, dass der Ausdruck »die Damen« alle Mitglieder des Komitees umfasst, einschließlich der drei Herren im Vorstand. Es geht das Gerücht, dass bei Huberts Vorstellung um den Posten des Museumsdirektors eine der Damen des Komitees, eine Miniatur im Patou-Kostüm mit o-förmigem Mund, ausgerufen habe: »Der wird alles kaputt machen!« Er hatte trotzdem den Posten bekommen, weil er die Geschichte des 19. Jahrhunderts als sein Spezialgebiet vorgebracht hatte und die Absicht, der Tafelkunst ihren vergangenen Ruhm zurückzugeben. Das Komitee, verwirrt von seiner kinetischen Präsenz, hatte einstimmig für ihn gestimmt. Bis jetzt war nichts kaputtgegangen, außer vielleicht das Museum.

»Gut«, wiederholt Hubert und streckt die Hände vor sich aus, als wollte er zwei Oktaven auf den Tasten eines Klaviers umfassen, »Sie und ich werden während der Abwesenheit unserer lieben Madame Pons alles in allem ein gutes Team bilden. Kommen Sie mit, wir werden wenigstens diese Briefe nach Österreich auf den Weg bringen.«

»Haben Sie bei Manpower angerufen?«

»Nein, warum?«

»Nur so.«

Der Kater lässt seine Haare im Metallbaukasten und zieht ab. Die Schachtel ist jetzt von der hässlichen Schlacke befreit, die sich darin angesiedelt hatte. Die Eisenbahnschwellen sind nun, falls man sie aus der Masse der Haare exhumieren wollte, wieder bereit, mit Schrauben und Muttern aneinandergefügt zu werden. Der Kater ist nicht unzufrieden damit, diese unbequeme Arbeit beendet zu haben. Er fühlt sich dringend an eine andere Stelle gerufen. Es ist höchst befriedigend, wenn sich ein solches Aufeinandertreffen ergibt. Woanders hin gerufen zu werden, wenn gerade eine Säuberung beendet ist, hopp hopp, dann flutscht es, es wirkt. Das weniger Wichtige soll warten. Ein Leben wird ihm nicht genügen, um die hier angesammelten Jahrhunderte reinzuwaschen.

Ehe das Nächste an die Reihe kommt, muss er sich ernähren. Er geht zu der Schüssel mit den Kroketten, die auf dem Küchenboden steht und bleibt so lange davorsitzen, bis er die schlimmen Schwingungen dieser zermahlenen Knochen in einen Zustand gebracht hat, der ihm von Nutzen sein könnte. Dann schlingt er sie ohne Vergnügen hinunter und isst so wenig wie möglich. Kaum ist er satt, sucht er schon die Wohnung nach seiner nächsten Bestimmung ab. Eindeutig befindet sie sich hier, hinter dieser Tür. Aber das Signal, das zu ihm dringt, ist schwach, so, als wenn es von sehr weit herkäme. Da der Kater in seinem Leben nicht viel verreist ist, fühlt er sich ein bisschen orientierungslos.

Der Junge kommt zur Tür und spricht ihn an:

»Mississippi Steamboat, was tust du denn hier? Willst du mich daran hindern, ins Bad zu gehen?«

Der Junge öffnet die Tür. Der Kater nützt das aus, um schnell hineinzuschlüpfen. Er hatte recht. Es ist hinter dieser Wand. Er spürt seine Energiespitzen entsetzlich in die gleiche Richtung gehen und ein schrilles Geräusch von sich geben, das für seine Ohren äußerst unangenehm ist. Aber wie hinkommen?

»Das ist nicht deine Toilette.«

Das ist nicht falsch, das Katzenkästchen steht auf dem winzigen Balkon über der Rue du Mont-Blanc.

»Husch husch! Nicht hierbleiben, Dickwanst.«

Das dicke Ding merkt die Unverschämtheit nicht und fühlt sich fast erleichtert, zum Fortgehen gezwungen zu werden. Es rollt sich am geschlossenen Türflügel zu einer Kugel zusammen, arbeitet aus der Ferne.

CHIARA VERSUCHT ZU REKONSTRUIEREN, wo sie am Vormittag überall gewesen ist. Nichts zu machen, sie erinnert sich nicht mehr, wo sie ihren Auftrag hingelegt hat. Wenn sie ihre Dreizimmerwohnung japanisch eingerichtet hätte, wäre der kleine Zettel leichter zu finden gewesen. Sie hatte sich vorgenommen, die Möbel nur noch, wenn unbedingt nötig, zu stapeln, aber die Fälle, bei denen es unbedingt nötig war, häuften sich. Um von einem Zimmer in das andere zu kommen, blieb nur noch ein enger Pfad, der auf beiden Seiten bis an die Decke mit Möbeln vollgestellt war. Wenn nötig, kann sie sich daran abstützen. Außer an dem Regal im Flur, auf dem Krüge, Etuis, Schachteln, Vasen, elektrische Geräte von überall her stehen und das immer noch nicht an der Wand festgedübelt ist. Die Türklingel überrascht sie, als sie gerade an ihm vorbeigeht. Sie streckt eine Hand aus, um sich festzuhalten, und alles gerät ins Schwanken.

»Giacomo! Welch schöne Überraschung!«, sagt sie und öffnet die Tür.

Ihr Sohn beugt sich nieder, um sie in die Arme nehmen zu können.

»Ciao, *Mamma*, wie geht's dir?«

Die Umarmung ihres großen Sohnes zerdrückt ihr das Skelett, aber das wird er nicht erfahren. Giacomo, ihre Sonne, hilft ihr, wann er kann, bei den Hauswart-diensten.

»Kaffee, Kleiner?«

Sie geht ihm auf dem Weg in die Küche voraus, um zu zeigen, wie gut sie sich nun ohne Hilfe fortbewe-gen kann. Allein hätte sie, ohne zu zögern, eine Hand zu Hilfe genommen, aber jetzt nicht, keine Hand, die Schultern hochgezogen, Füße, die sich heben, wie es sich gehört. Wie gut, dass sie heute früh daran gedacht hatte, Schuhe anzuziehen, anstatt in Pantoffeln zu blei-ben! Sie wird durch die Bemerkung ihres Sohns belohnt, der auf die Bank hinter dem Küchentisch rutscht.

»*Mamma*, dir geht es besser. Ich bin stolz auf dich.«

Bescheiden senkt sie die Augen.

»Ich habe meinen Auftrag verloren, Giacomo, ich möchte ihn finden, ehe ich mich zu dir setze. Ich weiß nicht mehr, um wieviel Uhr er beginnt.«

Sofort windet er sich wieder aus der Bank, um sei-ner Mama zu helfen.

»Was für ein Auftrag? Du musst deine Ruhe haben. Die anderen Leute können Aufträge erfüllen.«

»Ich hab ihn auf einen kleinen Zettel geschrie-ben ...«

Sie suchen die Wohnung ab, der Sohn, der mit seinen breiten Schultern gerade zwischen zwei Möbelstücken hindurchkommt, die Mutter, ganz verdreht, ganz schmächtig, aber ebenfalls lebhaft, vor allem vor Giacomo, denn sie will nicht, dass er sich Sorgen macht, wenn er wieder zur Arbeit geht. Im Übrigen muss man sich überhaupt keine Sorgen machen, die Krankheit war aus ihrem Körper ausgemerzt worden. Von nun an kann es nur noch besser werden, soweit es das Alter zulässt.

Aber Chiara denkt nicht ans Alter. Im Gegenteil, sie hat den Eindruck zu fliegen, wenn sie sich an das kraftlose Geschöpf erinnert, das sie in den letzten Jahren war. Jetzt ist sie Tarzans Frau, ihr ebenbürtig, was Geschmeidigkeit und Vitalität betrifft. Vielleicht Tarzans Mutter, um ganz korrekt zu sein.

»Du musst dich ausruhen, *Mamma,* du bist Rekonvaleszentin.«

Es gelingt ihr jedoch, ihre italienische Kaffeemaschine ohne Problem aufzuschrauben. Noch vor einigen Monaten war sie dazu nicht imstande gewesen. Und, bitte schön, als sie hochschaut, findet sie ihren Auftrag unter der Zuckerdose.

»Da ist er! Ich wollte nicht, dass er davonfliegt. Jetzt aber der Kaffee.«

»Hast du wieder Möbel gerettet?«

»Natürlich nicht! Ich war krank, wie hätte ich sollen …«

Chiara hat innerhalb der italienischen Gemein-
schaft von Pâquis schon immer eine aktive Rolle
gespielt. Im Maß ihrer Möglichkeiten diente ihre kleine
Wohnung als Drehscheibe für einen nicht versiegen-
den Möbelhandel, fungierte als Lager für die Saison-
niers, die alle neun Monate in ihr Land zurückmussten
und als Leihbank für Hilfsbedürftige.

»Schau, ich hab dir was mitgebracht.«

Der Sohn hatte den richtigen Riecher gehabt. Das
gestickte Tischtuch, das er für sie gefunden hat, bildet
ein wunderbares sternförmiges Baummuster. Liebevoll
streicht sie es auf dem Tisch glatt und überlegt bereits,
was sie daraufstellen könnte.

»Ich werde einen Gang über den Flohmarkt machen
müssen ...«

Sie lacht, als sie seine entsetzte Miene sieht. Die
Wohnung ist zum Brechen voll mit Sachen, die man auf
ein Deckchen stellen kann und ebenfalls mit Sachen,
auf die man ein Deckchen legen kann. Chiara macht
sich daran, die Kaffeemaschine mit sicherem Handgriff
wieder zuzuschrauben, leider schaut er ihr dabei nicht
zu. Er ist in den Zettel vertieft.

»Ins Schwimmbad, *Mamma,* aber das geht nicht!
Wie lange bist du schon nicht mehr geschwommen?«

»Du vergisst, dass ja ich es dir beigebracht habe,
Engelchen. Weißt du, ich glaube nicht, dass ich ins
Wasser steigen muss. Es geht um eine Frau, die gern
schwimmt. Sie kommt aus der Emilia-Romagna, nicht

aus Apulien, darum. Ich glaube, dass ich nie, als ich im Land lebte, einen Fuß ins Mittelmeer gesetzt habe. Sie braucht nur jemanden, der in der Umkleidekabine und auch sonst dabei ist.«

»Aber du kennst doch dieses Schwimmbad nicht! Du musst den Bus nehmen!«

»Ich nehme den Bus! Mach dir keine Sorgen. Die größte Schwierigkeit ist …«

»Was?«

»Weiß ich nicht mehr«, antwortet sie schelmisch.

»Hast du einen Badeanzug?«

Der Junge ist Hellseher. Genau, der Badeanzug ist die größte Schwierigkeit. Aber das ist ihre Privatangelegenheit.

Sie verzieht den Mund, was sagen soll – »natürlich«.

»Das wird sportlich, *Mamma,* stell dir vor, diese Frau trägt komplizierte Unterwäsche.«

»Mach dir keine Sorgen, mit komplizierter Unterwäsche komme ich zurecht.«

»Ich mache dir heute nur die Treppe, ich habe ein Match.«

»Aber nein, weißt du, ich kann mich wirklich darum kümmern. Es nehmen sowieso alle den Aufzug.«

Er schaut sie an, als würde er einen solchen Kampf gewohnheitsmäßig gewinnen. Den Kaffee haben sie vor dem Fenster, das auf den Square geht, in der mit

Nippes vollgestellten Küche getrunken. Ganz unten kommt die kleine Kinley heim, erkennbar an ihrem dicken Haarschopf, langsam geht sie einen der Wege entlang. Arme Kleine.

Sobald der Sohn gegangen ist, liest Chiara ihren Auftrag noch einmal durch. Kein Problem, was die Adresse betrifft, die Rue de Pâquis ist in der Nähe, dann muss sie nur noch in den 11er Bus springen, der sie zum Schwimmbad bringen wird. Nun, springen ist vielleicht nicht ganz richtig, obwohl, ja, doch, Chiara traut sich zu springen, zu ihrer nächsten Aufgabe zu fliegen, von Auftrag zu Auftrag, verzweifelte Menschen zu retten, Tiere, sogar Pflanzen. Das Leben ist, wenn man guten Kaffee und funktionierende Nieren hat, trotz allem *stupendoso*.

Aber der vorsintflutliche Badeanzug, den sie in einer Schublade findet, ist überhaupt nicht *stupendoso*. Chiara erinnert sich, dass sie das letzte Mal vor ihrer Krankheit geschwommen ist. Der Badeanzug, den ihr eine Kusine vermacht hatte, war so weit, dass sie ihn festhalten musste, als sie aus dem Wasser stieg.

Eine dringende Situation erfordert eine dringende Maßnahme; es ist üblich, Nachbarn wegen Zucker oder einem Ei zu stören, warum nicht auch wegen eines Badeanzugs? Anders als die vorigen Mieter ist Madame Kinley immer sehr freundlich zu ihr. Chiara verlässt ihre Wohnung und geht in den Korridor gegenüber.

Sie klingelt. Schweigen antwortet. Aber die Kleine ist doch bestimmt da, es sei denn, sie ist zum Kiosk in der Rue Lévrier abgebogen, um sich Bonbons zu kaufen. Nach kurzem Warten vor der Tür macht Chiara vorsichtig kehrt. Nur nicht leichtsinnig sein und das Gleichgewicht verlieren. Sie hat den Korridor fast schon hinter sich, da öffnet sich die Tür der Kinleys. Sie schaut zurück, macht ohne Mühe eine vollständige Kehrtwende mit dem Kopf. Mathilde steht versteinert, mit aufgerissenen Augen, auf der Schwelle.

»Guten Tag, Mathilde.«

Keine Reaktion.

»Alles in Ordnung, Mathilde?«

Langsam bringt die alte Frau ihre Schultern und Hüften wieder an Ort und Stelle, um dem kleinen Mädchen gegenüberzustehen. Hat sie vielleicht die Vornamen verwechselt? So ein Schätzchen. Aber wie sollte man ihr das Schweigen vorwerfen nach dem schlimmen Unfall, der ihr den Vater genommen hat? Manchmal kommt zum Problem mit den Toten hinzu, dass der Tod überraschend kam. Ihr eigener Mann ist während mehrerer Monate dahingeschieden. Chiara könnte nicht sagen, ob das einfacher war, aber jedenfalls hatte sie die Zeit, an den Tod zu denken. Mathilde hatte ganz bestimmt nie an etwas so Schreckliches gedacht. Da taucht der Bruder in der Tür der Kinleys auf.

»Mathilde, huhu, das ist doch nur die Hauswartin. Entschuldigen Sie bitte, Madame, wir haben gerade den Schrank meiner Schwester ausgemalt. Wir haben nichts gehört.«

»Als Hauswartin habe ich in den letzten Jahren nicht viel machen können. Ich musste mir oft helfen lassen, deshalb haben wir uns nicht oft gesehen.«

Mathildes Augen werden, wenn das möglich ist, noch größer.

»Und du, du bist Henry?«

»Ja.«

Er ist ernst wie seine Schwester, aber nicht so stumm. Vielleicht hat das Kindchen ja gesundheitliche Probleme.

»Ich bin gekommen, um eure Mama zu fragen, ob sie mir etwas borgen kann, was ich für die Erfüllung eines wichtigen Auftrags noch heute Nachmittag brauche.«

Der Junge ist elektrisiert.

»Ein Auftrag?«

Nun erscheint die Mutter, sie lächelt und wischt sich die Hände voller grüner Flecken ab.

»Wir sind schwer am Arbeiten«, sagt sie. »Guten Tag, Madame Giallo. Wie geht es Ihnen? Ich freue mich, Sie wieder zu sehen!«

»Mir geht es sehr gut, Madame Kinley. Schauen Sie, ich laufe ohne Hilfe. Ich bin wieder wie ein junges Mädchen (Augenzwinkern zu Mathilde). Und Sie? Ich hoffe, dass Ihnen Ihre Verwandten in diesen schrecklichen Zeiten geholfen haben.«

»Geht so.«

Chiara erinnert sich, dass sie einmal an Weihnachten Elise Kinley ausgeschimpft hatte, die eine Girlande aus kleinen Fähnchen in allen Farben am Geländer angebracht hatte. Die Girlande reichte bis ins Erdgeschoß hinunter, vorbei an allen Korridoren der Etagen darunter und endete in einer hübschen Spirale auf dem Boden der Eingangshalle.

Nicht sehr praktisch beim Putzen. Sie stritten sich über diese Spirale, und schließlich hat Chiara um sie herum geputzt.

»Mathilde, du bist überall grün!« Die Mutter wischt mit einem Lappen über die Wange ihrer Tochter. »Kommen Sie doch herein, Madame Giallo.«

»Ich störe Sie, weil ich einen Badeanzug brauche, und weil Madame Lamonthe im zweiten Stock, die ich gut genug kenne, um sie um einen solchen Gefallen zu bitten, dreimal so groß ist wie ich. Wenn ich die bitten würde, mir ihren Badeanzug zu borgen, dann sähe ich aus wie ein Ballon, aus dem die Luft raus ist, nicht wahr? Also habe ich an Sie gedacht, Sie sind schlank und nicht so groß. Ich weiß, dass sich das eigentlich nicht gehört, jemand anderen um seinen Badeanzug zu bitten, aber …«

Chiara ist stolz auf ihr perfektes Französisch, das sie sich in dreißig Jahren im Dienst einer Dame in der Altstadt erworben hat

»Sie hat einen Auftrag«, erläutert Henry seiner Mutter.

»Wenn es um einen Auftrag geht, dann ist das eine Ehre. Gehen Sie ins Schwimmbad? Möchten Sie etwas trinken, Madame Giallo? Setzen Sie sich doch in die Küche.«

»Ich muss eine alte Dame ins Schwimmbad begleiten.«

Sie folgt Elise in die Küche, ein gelber Kubus, wo sich die Familie um einen an die Wand gerückten Resopaltisch versammelt. Sie wird eingeladen, Platz zu nehmen. Mathilde bleibt im Türrahmen zurück.

»Ich hole meine Badeanzüge. Henry, biete Madame Giallo etwas zu trinken an. Apfelsaft oder Tee.«

Mit irgendwie zurückhaltendem Lächeln serviert er ihr ein Glas Apfelsaft. Vielleicht stellt er sie sich, verrunzelt wie sie ist, gerade in einem der Badeanzüge seiner Mutter vor?

»Wie machen Sie das nur, dass Sie nach hinten schauen können?«, fragt er.

Zuerst versteht sie die Frage nicht. Zur Erklärung dreht Henry seinen Kopf so weit nach hinten wie möglich.

»Ach so, ja, ich war schon immer so! Die Ärzte sagen, ich sei hypermobil. Schau, ich kann auch die Arme andersherum drehen. Und ich mach ohne Problem die Grätsche, aber das zeige ich dir heute nicht, weil ich einen Rock anhabe.«

Aus ihren tiefen Augenhöhlen zwinkert sie ihnen schelmisch zu.

Der Junge scheint die Vorstellung lustig zu finden, wie diese alte, schon ganz krumme Frau ihre Beine in alle Richtungen wirft. Aber seine Schwester bleibt verschlossen.

»Sie brauchen eine Bademütze, das ist Vorschrift«, sagt der Junge noch.

»Eine Bademütze? Wirklich?«

Chiara stellte sich selbst keineswegs nass vor. Sie hatte gedacht, in aller Ruhe außen auf einer Bank, in einen Bademantel gehüllt, sitzen zu können, während die Dame ihre Runden im Becken drehte.

»Ich muss zugeben, dass ich hoffe, nicht ins Wasser zu müssen. Brrr. Ich bestehe bald nur noch aus Knochen. Wenn das Objekt meines Auftrags gern schwimmt, dann heißt das, sie kann schwimmen. Es wird sich nur darum handeln aufzupassen, dass sie nicht vergisst, vor dem Heimgehen ihre Strumpfhose anzuziehen.«

»Vielleicht ist die Dame blind«, bringt er ins Spiel. »Sie braucht jemanden, der neben ihr schwimmt, damit sie nicht untergeht?«

Elise Kinley kommt mit einem Badeanzug wieder, einem orangen Stück mit weißem Volant.

»Hier, Madame Giallo, der hier stünde ihnen wunderbar.«

»Oh, perfekt. Ja, ich denke, er passt sehr gut. Ich bin Ihnen ewig dankbar. Vielleicht hast du recht, Henry. Ihr Sohn hat mir eingeredet, dass ich vielleicht wirklich ins Wasser muss …«

Chiara kommt sich ein wenig lächerlich vor. Hat sie wirklich die Kraft, diesen Auftrag zufriedenstellend zu erledigen? Nicht unbedingt.

»Um wieviel Uhr müssen Sie Ihren Auftrag ausführen?»

»Um fünfzehn Uhr.«

Sie bemüht sich, ihre Aufregung nicht zu zeigen.

»Kinder, hört, und wenn wir heute Nachmittag ins Schwimmbad gingen? Dann wären wir in der Nähe, falls etwas passieren sollte.«

Henry wendet sich zu Mathilde, als ob die Entscheidung ganz natürlich von ihr abhinge. Sekunden vergehen, das einzige Geräusch ist der Verkehr, der von der Rue du Mont-Blanc heraufdringt und das Gebrumme der Kühlschrankpumpe. Das ist keine unangenehme Unterbrechung, nur ein Augenblick, in dem es um nichts anderes geht als um das, was sich im Kopf eines kleinen Mädchens abspielt. Bruder und Mutter sind es offenbar gewohnt, dieses Orakel abzuwarten. Nach langer Zeit ermuntert Henry sie ganz sacht: »Mat?«

Das Mädchen rührt sich nicht.

»Das bedeutet ja«, entschlüsselt Henry.

Seit Madame Pons krankgeschrieben ist, neigt Huberts Blut dazu, in den Beinen, genau in den Kniekehlen, zu stocken. Einen Termin beim Hausarzt ausmachen oder gleich bei einem Herzkreislaufspezialisten, notiert er innerlich. Wenn er sich beeilt, könnte er die Rechnung noch auf 1973 ausstellen lassen und sich so den Selbstbehalt für das nächste Jahr aufsparen. Seit der Krankschreibung seiner Perle, seit Alpagas Tod und dem Zusammenbruch seiner Frau fühlt Hubert sich wie ein Bau auf Stelzen. Wenn eine weggezogen wird, schwächt das den Bau und alles stürzt zusammen. Madame Pons ist eine dieser Stelzen. Indessen ist Madame Kinley wieder da, zurückgezogen in ihrem Zimmer in der ersten Etage oder durch die Säle des Museums streifend. Gut, vielleicht lieber nicht daran denken, aber die Anhäufung all dieser Geschehnisse ist so schädlich für das System. Während die Stunden zerfasern, bleibt Hubert in seinem Büro sitzen, mit dem Rücken an die Stuhllehne gesunken, die Oberschenkel vom Rand der Sitzfläche eingequetscht und wartet, dass irgendjemand kommt, ein unwahrscheinlicher Besucher, ein Sponsor, eine verliebte Frau, die den Kuss des Lebens auf seine Lippen drückt. Der Gipfel dabei – mittags muss er mit einer Sponsorin essen, die verdächtigt wird, ihren Koch zu schlagen. Hubert möchte nicht geschlagen werden. Oder wenn, dann nur von Madame Pons. Er gestattet sich, diese Möglichkeit in Erwägung zu ziehen, ehe er abrupt aufsteht.

Aber erst einmal nachschauen, ob die Witwe ein Minimum an Arbeit leistet.

Er findet sie, wie sie vor dem Fenster im ersten Stock steht und schluchzt. »Gut, das ist etwas für Carmela«, sagt er sich und geht sofort rückwärts wieder hinaus. Der verschwundene Mann muss ein wahrer Hengst gewesen sein. Nervös läuft er durch das Museum und sucht die Putzfrau, dann fällt ihm ein, dass Carmela heute, Dienstag, ja bei ihm zuhause putzt und, Spiegeleffekt, wahrscheinlich gerade jetzt im Moment dabei ist, Helene zu trösten. Er kehrt um, weiß im Voraus, dass er nicht geeignet, dass er zu ungeschickt ist, um die ungeheure Herausforderung einer weinenden Frau gegenüber anzunehmen. Diesmal stürzt er sich fast aggressiv in das Zimmer, mit dem Oberkörper als Schild, und sagt zu der Frau etwas wie »gut, ist ja gut«. Sie dreht sich um, wundert sich, ihn noch einmal zu sehen, und unterbricht kurz ihre Schluchzer.

»Ja?«

Überzeugt, den Höhepunkt seiner Diplomatenkünste erreicht und ihr Weinen gestoppt zu haben, geht Hubert, so schnell er eingetreten ist, wieder hinaus. Er schnappt etwas Luft in den Sälen der ersten Etage, dann geht er wieder zu ihr zurück, sie schaut ihn perplex an, und da sagt er schließlich: »Wird schon, wird schon, Elise.« Er hat die Hände erhoben, um seine Worte in den Raum vor sich zu setzen. Im Moment baumeln sie. Der Vorname kann zwischen ihnen gefallen sein als letztes Mittel, aber er ist sich nicht sicher, ob er es absichtlich getan hat. Stattdessen beschließt er, seine Hände übereinander vor die Brust zu legen, dann ändert er die Meinung und hebt sie rechtwinklig hoch, ehe er sie schließlich schwer auf die Seiten fallen lässt.

»Kommen Sie zu sich, verflixt.«

Zum Glück bekommt sie nur ein symbolisches Gehalt. Andere Frauen würden liebend gern diese faszinierende Arbeit umsonst machen.

»Ich baue sie heute morgen ab«, sagt sie nur und schnieft.

»Warten wir lieber die Weihnachtsfeier der Sponsoren ab, ehe wir Ihre neuen Ideen umsetzen. Ich meine, *nach* der Weihnachtsfeier«, präzisiert er.

»Macht nichts. Es kommt eh niemand.«

Hubert schaut um sich. Einige moderne Stücke, aus Platten so dick wie die Stützmauern gefertigt, beanspruchen Platz auf den Regalen.

»Was sammeln Sie denn da?«

»Das?«

Sie schaut auf die Stücke, ohne sie zu sehen.

»Denken Sie denn, mit diesen dicken Brocken unsere Geldgeber zu überzeugen?«

»Das sind Fat Lava aus den Fünfzigern. Ich mag diese orange Farbe sehr gern. Vielleicht könnten wir uns den Abend der Sponsoren mit einem etwas kreativen Vorschlag aufheitern …«

Diese Stücke sind bereits zwanzig Jahre alt. So weit so gut.

»Was ist das für eine Schürze, Madame Kinley?«

Elise ist in eine lange weiße Schürze gewickelt, die über einem Strickkleid mit riesigem Kragen verknotet ist.

»Ich trage gern Berufskleidung, Sie nicht? Ich wollte eine Deco-Idee mit reinem Kaolin ausprobieren. Das Ursprungsmaterial ist schließlich genauso interessant wie die Stücke selbst.«

Diese Frau steht neben jeder Logik. Er sucht sich diesen Moment aus, um aus seiner Tasche das Figürchen des Schlittschuhläufers, dem ein Fuß fehlt, zu holen.

»Dieses Stück ist defekt«, sagt er sentenziös. »Defekt« ist dramatischer als ein einfaches »kaputt«, er würde sich übelnehmen, das nicht zu nutzen.

»Ich kümmere mich drum.«

Sie streckt die Hand aus.

Die weiße Schürze steht ihr. Sie beruhigt das Chaos darunter. Diese Frau wählt ihre Kleider nicht aus, sie pickt sie heraus. Sie täte besser daran, neutralere Kleidung anzuziehen. Das hätte dann auch den Effekt, das Durcheinander der Farben in Gesicht und Haaren zu mildern, die eines kurzsichtigen Pointillisten würdig sind.

Sponsoren, Leute mit Geld legen Wert auf Schönheit und Ordnung.

»Sie brauchen für die Weihnachtsfeier der Sponsoren ein neues Kleid, am besten eines in neutralen Tönen.«

Im vergangenen Jahr war ihm Helene bei der Weihnachtsfeier der Sponsoren zur Hand gegangen. Sein Neuzugang hielt es nicht einmal für nötig, sich zu zeigen. Helene ist zurzeit außer Betrieb. Sie hat beschlossen, einmal neben ihrem Pferd beerdigt zu werden. Es ist kompliziert, ihr zu verstehen zu geben, dass es ein Leben danach gibt, dass sie nicht vor Kummer sterben wird.

»Und Sie brauchen einen Gang zum Coiffeur, Monsieur Vagnière.«

»Ich dachte, Sie gehören zu den Frauen, die lange Haare schätzen«, sagt er und fährt sich mit der Hand über den Nacken.

»Sonst spenden sie nichts«, beendet sie das Gespräch.

IN DER ANORAKTASCHE UMFASST MATHILDES HAND das kostbare letzte *sherbet dip*. Eine fabelhafte Erfindung: eine Lakritzstange, in ein Päckchen Brausepulver getaucht, ist Mathildes Lieblingsspeise. Sie hat dieses hier gestern Abend zwischen dem Bettrahmen und der Wand gefunden. Trotz seines ramponierten Aussehens konnte Mathilde nur mit Mühe der Lust widerstehen, es sofort zu essen. Die zwei Pausen lang hat sie durchgehalten. *Sherbet dips* gibt es in Genf nicht, und das hat Gründe, sie haben schlicht keine Möglichkeit, es bis hierher zu schaffen. Die britischen Kinder essen sie alle in rauen Mengen, kaum haben sie die *Sherbet-Dip-Fabrik* verlassen. Der Lieferwagen kommt zum Zeitungskiosk, lädt die Schachteln mit den *sherbet dips* ab und fährt sofort wieder los, um neue zu holen, die ebenfalls sofort verkauft und hinuntergeschluckt sind. Mathildes Vater brachte sie aus London mit, wenn er dort seine Familie besucht hatte. Mathilde kannte von England nur die Hauptstadt und das kleine Dorf in Wales, aus dem ihr Vater stammte, aber für sie gab es keinen Zweifel, dass ganze Teile Großbritanniens ausschließlich von der Herstellung von *sherbet dips* leben. Dieses Allerletzte hier wird nur in höchster Seelennot gegessen werden.

Als sie vor dem Schaufenster des Numismatikers im Erdgeschoß ihres Hauses vorbeikommt, sieht Mathilde, dass die sechs antiken Münzen, die ausgestellt waren, durch andere ersetzt worden sind, dieses Mal durch kupferfarbene. Ihr Vater hatte ihr erklärt, womit sich der Numismatiker im Hinterzimmer seines Ladens beschäftigte, aber Mathilde war es schwergefallen, das zu glauben. Den ganzen Tag lang Münzen sortieren? Das ist doch ganz klar ein Witz. Also hatte er sie an einem Samstagnachmittag hingeführt. Sie konnte feststellen, dass ihr Vater recht hatte. Der Münzhändler saß tatsächlich an seinem Schreibtisch und sortierte antike Münzen.

Mathilde stößt die Tür der Nummer vier auf und schaut automatisch zu den Korridoren hinauf, die unter der vom Dach kommenden Lichtdusche übereinandergestapelt sind. Ihr Korridor ist der oberste, sieht aber wie alle anderen aus. Zur selben Zeit im vergangenen Jahr hatte ihre Mama hier eine Wäscheleine gespannt, auf die sie mit Wäscheklammern ein ganzes Sortiment von Weihnachtsmann-Unterwäsche gehängt hatte, rote Unterhosen, rote Socken, rotes Unterhemdchen, dazu eine rote Schlafmütze und Hosenträger, alles aus Filz ausgeschnitten. Die Bewohner des Mietshauses haben sich an die »Sonnwenddelirien der Dame aus dem sechsten Stock«, wie sie sie nennen, gewöhnt. Mathilde hat erst im Nachhinein verstanden, was »Delirien« und »Sonnwend« bedeuten. In diesem Jahr ist der Korridor der Kinleys noch nicht dekoriert.

In einem gelben Mantel, an den Ärmelbündchen mit Pompons geschmückt, ist der Gy gerade damit beschäftigt, seinen Briefkasten zu öffnen. Seit Mathilde den Gy, naja, Madame Giallo, im Badeanzug gesehen hat, hat sie keine Angst mehr. Neulich im Schwimmbad hat der Schock, sie so schmächtig zu sehen, ihr den Kopf endgültig zurechtgerückt. Sie ist sich selbst über die Verirrung in ihrem Kopf klargeworden, was die abscheuliche Erscheinung des Gy und seiner Kräfte betrifft. Also, so hatte sie daraus geschlossen, der Gy frisst keine Kinder. Und überhaupt sieht er ziemlich schick aus in Gelb.

Zwei tief in ihre Höhlen gesunkene Augen tauchen in die ihren.

»*Mathilda, mia cara, buongiorno.*«

»*Bonne dgorno*«, antwortet Mathilde.

»Wie findest du meine Tanne? Ein bisschen dürftig, nicht wahr? Aber besser als nichts.«

Tatsächlich steht in diesem Jahr ein Tannenbaum im Eingang.

Im Vergleich zu den majestätischen Proportionen der Eingangshalle wirkt er mit seinen zarten Girlanden winzig.

»Er ist sehr schön.«

»Auf einer ganzen Seite ist alles Marzipan verschwunden. Merkwürdig.«

»…«

»Wenn du keine Angst hast, zu mir hereinzukommen, dann möchte ich dich gern zu einer heißen Schokolade einladen. Weißt du, ich habe gerade bei einer sehr lieben Dame zu Mittag gegessen, deshalb habe ich meinen schönsten Schmuck angelegt.«

Der Gy trägt eine Menge Ketten aus bunten Steinen um den Hals, die für ihn ein bisschen schwer zu sein scheinen. Mathilde überlegt. Hat sie Angst, zum Gy hineinzugehen? Ja, natürlich.

»Wir werden es zuerst bei dir zu Hause sagen«, schlägt der Gy im Aufzug vor.

»Henry ist da. Ich sage es ihm.«

»Ja, geh hin. Ich lasse die Tür offen.«

Gleichermaßen gespannt wie erschrocken bei der Aussicht, ins Reich des Gy hineinzugehen, rast Mathilde zu ihrem Bruder und ruft ihm einige vage Informationen zu. Ohne auf eine Antwort zu warten, rennt sie wieder durch die beiden Korridore und bleibt vor der Tür des Gy stehen, plötzlich fühlt sie sich nicht imstande weiterzugehen.

»Mathilde!«

Ermutigt von der freundlichen Stimme des Gy schleicht sie auf Wackelbeinen hinein.

Im Eingang steht auf einem überladenen Regal all das, was normalerweise eine ganze Wohnung enthält. Mathilde reißt die Augen auf. Ein mit Möbeln vollgestopfter Gang bringt sie in die Wohnräume, in das Zimmer des Gy, das da eingerichtet ist, wo sich bei den Kinleys das Badezimmer befindet, in ein Wohnzimmer und in die Küche, die ihrem Zimmer und dem von Henry entsprechen.

»Du siehst, ich habe nicht viel Platz zum Herumgehen. Wenn man nur die Möbel in unsere Korridore stellen dürfte, das würde mich sehr erleichtern«, sagt der Gy mit besorgter Miene.

Mathilde findet, dass schon genügend Möbel in Gys Korridor stehen.

»Ich habe eben nur eine halbe Wohnung. Der Nachbar unten hat zwei Etagen. Ich war einmal bei ihm, da hängt ein Elefantenkopf an der Wohnzimmerwand. Komm, ich zeige dir meine Sammlung.«

Die Sammlung muss nicht gezeigt werden, Glaskugeln in allen Größen und Stilen thronen auf Regalen, Tabletts, Stuhlsitzen und Tischchen. Der Gy nimmt eine in die Hand.

»Diese hier ist eine Sulfid-Millefiori. Sie erinnert an eine Seeanemone, schau dir all diese Blümchen dicht an dicht an. Ich nehme sie zum Säubern in die Küche mit. Es ist die große Glaskugelversammlung. Du könntest mir helfen.«

Nach kurzem Klingelton öffnet ein Neuankömmling, ohne auf Antwort zu warten, die Eingangstür.

»*Mamma,* man kommt zu leicht bei dir rein.«

»Weiß ich, *amore,* aber ich schließe doch nicht mit dem Schlüssel ab, wenn ich hier bin. Giacomo, ich stelle dir Mathilde vor, meine Nachbarin.«

Giacomo sieht nicht so furchterregend aus wie seine Mama. Wie ein Gy, schon, aber gut gefüllt. Dieser Eindruck wird noch durch seine Arbeitslatzhose, die über dem Bauch spannt, verstärkt. Er streckt ihr die Hand zum Drücken hin, wie er es bei einem Erwachsenen machen würde. Mathilde achtet sehr darauf, ihm die Rechte zu reichen.

»Na, was denkst du denn von der Wohnung meiner Mutter? Sammelst du auch etwas?«

»Du redest Unsinn, vieles ist schon weg. Kommt in die Küche, Kinder. Mathilde wird mir beim Säubern meiner Glaskugeln helfen. Giacomo, setz dich, ich möchte nicht, dass es zu einer Katastrophe kommt.«

Der Gy stellt Milch auf den Herd. Als Giacomo hinter den Tisch rutscht, nimmt er mit der Schulter alle die Schürzen mit, die an der Küchentür hängen. Mathilde lächelt, als sie die gespielt entsetzte Miene des Gy sieht. Der Sohn sammelt die Schürzen auf und lässt sich vorsichtig auf die Bank gleiten.

»Mathilde, wenn du möchtest, kannst du schon einmal den Rest der Glaskugeln holen. Bringe sie hierher auf den Tisch. Giacomo, du hältst jetzt still.«

Mathilde kann sich gar nicht genug darüber wundern, dass sie sich so frei in Gys Reich bewegen kann. Sie holt die Kugeln. Paarweise legt sie sie in einer Reihe auf den Küchentisch, dann holt sie die nächsten. Als alle beieinanderliegen, ordnet sie sie der Größe nach. Giacomo schaut ihr zu, wählt die eine oder andere der schönsten oder buntesten aus. Am Schluss sind alle nach Größe und Art geordnet. Mathilde und Giacomo trinken ihre Schokolade und bewundern dabei diesen Miniaturgarten.

ELISE HAT DAS WOHNZIMMERFENSTER GEÖFFNET, was sie sonst nur tut, wenn sie die Scheiben putzen muss. Unten herrscht das XIX. Jahrhundert in Farbe. Den Behörden ist es gelungen, per Dekret die Zeit zurückzuspulen, dieser Sonntag ist ein Sonntag ohne Autos. Der ungewohnte Lärm von Pferdekutschen, Velos und

Rollschuhen hat das Motorengeräusch ersetzt. Die Kinder sind hinuntergegangen, um an diesem Freudenfest teilzunehmen. Für November ist es mild, das überrascht nach dem kürzlich gefallenen Schnee. Elise sieht von hier oben Mathildes grüne Mütze und Henrys roten Pulli. Sie laufen mitten auf der Straße Rollschuh, da, wo sonst drei Reihen Autos vor der roten Ampel warten, ehe sie auf die Mont-Blanc-Brücke zusteuern und dabei für die Anwohner einen höllischen Lärm verursachen. Die Fausthandschuhe des kleinen Mädchens, die mit einem Wollfaden von einem Ärmel zum anderen Ärmel verbunden sind, hängen an ihren Handgelenken. Die Finger bleiben frei für den Fall, dass sie sich an jemandem oder an etwas festhalten muss. Sie hat noch nicht begriffen, dass sie die Beine nicht spreizen und die Füße nicht anheben muss. Henry ist begabter.

»Ich zeige dir die Rollschuhtechnik«, versprach er seiner Schwester, als sie die Wohnung verließen.

Elise hatte gehört, wie Mathilde antwortete, dass sie immerhin die Bronzemedaille der Schweizer Skischule habe und die Rollschuhtechnik sehr gut kenne. Offensichtlich hat sie entweder übertrieben oder die Skilauftechnik ähnelt in keiner Weise der ebenso genannten Rollschuhtechnik.

Ein Pferd, auf dem eine Frau ohne Sattel tamburinschwingend sitzt, überholt im Galopp Mathilde und Henry. Der Wind bläht die Kantonsfahnen der Schweiz auf, die die Fahrbahn der Brücke rhythmisieren. Plakate mit »Genf ohne Benzin« hängen am Geländer. Die Velos klingeln mit ihren Klingeln. Die Aufregung ist ansteckend. Als Elise ihre Kinder so beschäftigt sieht, löst sich ihre Angst für einen Augenblick. Zumindest ist Henry hier nicht dabei, alles auf sich zu nehmen, und Mathilde schaut nicht auf alles mit großen Augen. Das verdammte Sanalepsi wirkt bei ihrer Tochter überhaupt nicht, so dass Elise fast versucht ist, ihr abends ein Mogadon in den Brei zu bröseln. Das würde allerdings ein Mogadon weniger für sie selbst bedeuten.

Das Segelschiff war in Saint-Pol-de-Léon gefunden worden, aber nicht der Körper. Elise verharrt in einer Zone ohne Status. Manche Stellen in der Wohnung sind noch von Andrews Tabak imprägniert. Man müsste den Sofabezug waschen, zum Beispiel. Oder im Gegenteil, ihn nie mehr waschen. Nach sechzehn Jahren an der Seite dieses von ihr gewählten und geliebten Mannes weiß Elise noch nicht, wie sie jetzt Witwe sein soll. Sie kennt niemanden sonst in dieser Situation. Irgendwo in England hat auch gerade eine Frau ihren Mann verloren. Die *Whitbread round the world-Regatta* hatte ihren ersten Toten gefordert, im vierzigsten Breitengrad über Bord gegangen. Der Mann war ein erfahrener Seemann. Er war nur etwas schwächer als die Woge. Auch Andrew war ein erfahrener Seemann, aber er war allein. Sie schließt das Fenster wieder. Die Euphorie draußen nimmt ab. Sie könnte Butterbrote richten. Oder sich gleich an das Abendessen machen. Im Kühlschrank sind noch Fischstäbchen. Mathilde mag sie mit Zitrone, Henry mit Mayonnaise. Es ist wirklich sehr kompliziert.

★ ★ ★ ★ ★

Freitagabend, Stunde der ehelichen Pflichterfüllung. Aber je nun, ein Pferd stirbt und das, was den Alltag ausmachte, ist durcheinandergeraten. Hubert hat kurz mit seiner Hand zu Helene hinübergelangt, aber gleich begriffen, dass die tiefe Trauer seiner Frau ein Bollwerk bildet. Sie trägt ein dunkelblaues Nachthemd, ein plissiertes Modell, das sich wie eine Krause um den Hals legt.

»Helene?«

»...«

»Meinst du nicht, du solltest dich beschäftigen? Ich meine, auf die eine oder andere Art? Etwas Ehrenamtliches oder was weiß ich ...?«

»Ich helfe Nino im Garten.«

»Nein, etwas, bei dem du aus dem Haus musst.«

»Was willst du mir antun, Hubert?«

Sie stützt sich auf den Ellbogen und wiederholt schreiend:

»Was willst du mir antun?«

Sie schlägt die Bettdecke zurück und setzt sich im Bett auf, das Nachthemd um die Brust gespannt.

»Du hast mich jedenfalls noch nie verstanden. Du weißt nicht, wer ich bin. Was weißt du denn vom Leiden?«

Hubert hat jedoch durchaus das Gefühl, sie zu kennen. Er hat sie im Tanzkurs kennen gelernt, der die Heranwachsenden aus guten Familien auf die Ballsaison vorbereiten sollte. Die Angelegenheit war sehr schnell entschieden. Hubert war der einzige Junge, den Helene nicht an Höhe und Breite überragte. Ungeschickt, wie sie beide waren, hatten sie stillschweigend die hübschen Figuren beim Walzer, Foxtrott und Rumba vereinfacht.

Der unbeliebte Tanzlehrer hatte Hüftdrehungen verboten, egal, welchen Tanzstil er unterrichtete. Das war Hubert und Helene gerade recht. Weder er noch sie hatten ein Bewusstsein davon, irgendein Gelenk im Becken zu besitzen, und sie mussten sehr darüber lachen, dass man ihnen den Gebrauch davon untersagte. Als es darum ging, von der Tanzfläche zum Schlafzimmer überzugehen, taten sie es auf ihre Weise, das heißt, nicht sehr geschmeidig, ohne Koordination, ohne großen Energieverschleiß und ohne wirklich globalen Einsatz. Hubert ist sich bewusst, dass er etwas Enormes verpasst hat.

»Nun ja, nichts, Helene, lass doch, ich will ja nur einen Vorschlag machen.«

»Bist du dir im Klaren darüber, dass der Stall leer ist. Leer!«

Mit den Armen zeigt sie, wie leer der Stall ist. Hubert begreift, dass er die Ausdehnung dieser Leere vielleicht unterschätzt hat. Ihm reichte das Wissen, dass Pferde viel Platz brauchen, Massen von Heu fressen, und dass man maßlose Anstrengungen auf sich nehmen muss, um sie zu besteigen. Die Pferde von Delacroix und Hodler waren ihm schon immer lieber. Wenn er Alpaga beschreiben müsste, so würde er sich damit begnügen zu sagen: braun, während Helene in der Lage wäre, sich lang über die changierende Farbe des Fells ihres Pferdes auszulassen und die Subtilitäten seines Charakters. Hubert könnte schwören, dass seine Frau gerade den Mann ihres Lebens verloren hat.

»Genau«, erklärt er ihr, »man muss sie wieder füllen. Füllen!«

»Hubert, du bist ein Schwachkopf, jawohl, ich sage dir, du bist ein Schwachkopf! Wirklich!«

Mit gesenkter Stirn stürzt sie sich auf ihren Morgenmantel und zieht ihn mit Bewegungen an, die man einfach als hysterisch bezeichnen muss. Noch nie hatte ihn seine Frau Schwachkopf gescholten. Er holt seine Arme unter der warmen Decke hervor, um sie mit pastoraler Geste gegen sie auszustrecken. Sie stößt hervor:

»Heh! Rühr mich nicht an!«

Hastig stürzt sie aus dem Zimmer. Hubert hört, wie ihre Pantoffeln sich entfernen und die Treppe hinuntergehen. Dieses Mal ist er sich sicher, dass sie nicht in den Stall geht, vielmehr in die Küche und dort zu ihrer Beruhigung etwas zu essen suchen wird, einen Becher Vanilleeis zum Beispiel.

Das Zimmer ist ohne sie auf einmal so friedlich. Auch das Haus.

Er schläft ein.

✶ ✶ ✶ ✶ ✶

ELISE HAT SICH IN DEN KORRIDOR GESETZT, um Buntpapiere auszuschneiden. Wenigstens mit allen Abmessungen möchte sie fertig sein, ehe sie zur Arbeit geht. Sie hatte die Wahl, in diesem Jahr nichts zu machen als Zeichen ihrer Trauer, oder im Gegenteil etwas zu machen, um den Kindern zu zeigen, dass die Grundstrukturen noch halten. Sie entschied sich dann für eine Art Kompromiss, für eine eher abstrakte, jedenfalls weniger zeitaufwendige Dekoration.

Henry erscheint in der Diele. Er hat Schuhe und Jacke angezogen, was bedeutet, dass er die Absicht hat, in die Schule zu gehen. Beim Betreten des Korridors macht er keinerlei Bemerkung zu den hübschen Farben, die vor seiner Mutter ausgebreitet liegen.

»In den Weihnachtsferien geht ihr zu Meg«, sagt sie abrupt.

Zu spät macht sich Elise klar, dass sie den schlechtesten Moment gewählt hat, um über dieses Thema mit ihm zu reden.

»Und du?«

»Ich nicht. Ich bleibe hier. Ihr möchtet sie doch besuchen. Geh jetzt, du kommst zu spät. Wenn du schon einmal hingehst.«

Sofort bereut sie diesen letzten Kommentar, durch den der Elan ihres Sohnes womöglich auf der Strecke bleibt.

»Ich möchte nicht zu Meg gehen. Mathilde auch nicht, die hat keine Lust, da kannst du sicher sein.«

»Mathilde geht gern zu Meg, sie machen dann *jellys*.«

»Warum kommst du nicht mit uns mit?«

Vom Boden aus, auf dem sie sitzt, kommt er ihr riesig vor.

»Wir reden noch darüber. Du kommst zu spät.«

Henry ist schon zu spät dran, die Verspätung, die er in diesem ersten Semester angehäuft hat, ist immens.

»Hör zu, Mama, die einzigen Wörter, die ich auf Deutsch sagen kann, sind *Gelatine, Dextrose* und *Süßstoff*. Ich bin noch nicht über die Seite dreißig von *Das Chagrinleder* hinausgekommen. Das sollte man Mathilde vorlesen an Stelle von Sanalepsi. Wenn ich also heute morgen nicht hingehe, ist das nicht das Ende der Welt.«

Er setzt sich neben sie im Korridor hin, lehnt den Rücken an das Badezimmerfenster.

»Es ist besser, wenn du mitkommst. Oder wir bleiben alle hier.«

Zwar kann sich Elise vorstellen, Weihnachten ohne die Kinder zu verbringen, aber gleichzeitig kommt ihr diese Idee absurd vor. Und doch – wie friedlich wäre es, einen Augenblick ohne sie zu verbringen! Sie versucht eine Erklärung:

»Wenn wir alle drei hier allein sind, verstehst du, dann habe ich Angst, dass das nicht sehr lustig für euch wird.«

»Lustig? Gut möglich, dass das nicht die heitersten Ferien in meinem, deinem und Mathildes Leben werden. Aber es ist ebenfalls nicht sehr lustig, wenn wir uns dich zuhause vorstellen, wie du die Schubladen auf- und zumachst. Wenn es nicht lustig ist, dann lieber für alle. Mathilde hat *jellys* nie gemocht, sie schneidet sie nur gerne. Das ist etwas anderes. Einmal hat *Aunt* Meg gesehen, wie sie gerade die *jellys* geschnitten hat, da dachte sie, »oooooh, die Kleine hat britisches Blut«. Wie ich Mathilde kenne, hat das wahrscheinlich Stunden gedauert und geometrische Formen ergeben, aber die dann auch essen, das ist etwas anderes. Niemand hat es wirklich gern, wenn man ihm etwas Neonfarbenes auf den Teller tut, und das muss man dann essen. Schau, ich zeige dir, was Mathilde wirklich mag.«

Er zieht ein Päckchen aus seiner Tasche und holt sechs kleine Pyramiden aus Karton hervor, die er seiner Mutter reicht.

»Was ist das?«

Die Pyramiden sind sehr sorgfältig gearbeitet, ihre Kanten perfekt.

»Mein Mathe-Projekt. Sechs kleine Pyramiden, die einen Würfel ergeben. Ein Problem, das mich rasend gemacht hat. Und ich schwöre dir, das hat sie nicht in einem *Onkel Dagobert* gefunden. Hast du noch nicht in ihren Schrank geschaut?«

»Doch. Ich suchte Eeyore. Ich suche ihn immer noch. Ich weiß, dass sie Mathematik liebt. Das ist ihre Welt. Es sollte nicht die Einzige sein.«

Henrys ausgestreckte Beine vor ihr sind mindestens zwei Meter lang. Sie erinnert sich, dass er bei seiner Geburt so winzig war, dass sie Angst hatte, ihn zu verlieren. Die alltäglichen Dinge, die Orte, die Innenräume, die Stadt, bei allem schien sich das Volumen verdreifacht zu haben im Vergleich zu diesem Wunderwesen. Sie musste sich wieder an diese merkwürdig weiter gewordene Welt gewöhnen, in der sie sich von nun an mit diesem kostbaren lebendigen Päckchen bewegen musste. Er sagt:

»Mama, bei Tante Meg gibt es auch einen Schrank. Keine Diskussion. Du kommst mit.«

»Gut, einverstanden«, sagt Elise.

Die beiden bleiben sitzen und tun nichts. Er ist erst vierzehn, denkt sie. Und er entscheidet.

»Nicht schlecht, deine Idee mit dem Fenster, Mam.«

»Danke.«

»Ich geh jetzt.«

»Ja. Geh. Bis später. Um vier Uhr bin ich wieder da.«

»In Ordnung.«

Er steht auf, schmeißt seine Tasche auf die Schulter und verschwindet auf der Treppenspirale. Elise bleibt nur noch ein paar Augenblicke im Korridor sitzen, da öffnet sich auch schon die Eingangstür von Madame Giallo.

»Guten Tag, Madame Kinley«, sagt sie und zieht ihren Einkaufswagen aus einem Schrank in ihrem Korridor.

»Sagen Sie Elise zu mir.«

»Und ich bin Chiara.«

»Trinken Sie eine Tasse Kaffee mit mir vor dem Einkaufen?«

»Aber Madame Elise, das ist vielleicht nicht der beste Moment …«

»Nur Elise. Doch, doch, es würde mich freuen. Ich versuche, den Korridor für Weihnachten zu verschönern, wenn auch mit weniger Begeisterung als in den vergangenen Jahren. Es ist seltsam, es ist, als hätte ich mir in den anderen Jahren nur für meinen Mann diese Mühe gemacht.«

»Die Kleine war neulich bei mir, hat sie es gesagt? Ich hoffe, es stört sie nicht.«

»Es stört mich nicht, wenn ich etwas Hilfe bekomme, im Gegenteil. Und danke für den Tannenbaum unten, ich ahne, für wen Sie ihn aufgestellt haben.«

Auf dem Küchentisch liegen Massen von Büchern und Heften.

»Ich war dabei, Mathildes Schulhefte einzubinden. Es fehlt nur noch das Geographiebuch.«

Elise stellt den Kaffee auf. Sie trifft lieber Menschen, die sie vor dem Unfall nicht gekannt haben. Als sie mit Andrew hier eingezogen war, wurde die Hauswartin krank. Monsieur Giallo war schon gestorben, und seine Frau ließ sich für das Putzen des Treppenhauses und der Korridore und die Belange der Mieter vertreten. Eine ganze Reihe von Italienerinnen wechselte sich still und heimlich ab. Ein Wunder, dass der Eigentümer ihr nicht gekündigt hat.

»Mathilde hatte ein Kuscheltier. Eeyore. Sie waren unzertrennlich. Ich kann es nirgends für sie finden.«

»Ein Esel, nicht wahr? Ich meine mich zu erinnern, dass immer ein Kopf aus ihrer Schultasche herausschaute.«

»Henry hat mich darauf aufmerksam machen müssen, können Sie sich das vorstellen! Ich war so von meiner Traurigkeit in Anspruch genommen, dass ich gar nicht bemerkt habe, dass er weg ist. Was kann nur mit ihm passiert sein? Ich habe ihn überall gesucht. Nie im Leben hat Mathilde ihn im Bus oder auf einer Parkbank vergessen. Ich habe ihn sogar in ihrem Schrank gesucht, obwohl das Sperrzone ist. Mathilde ist schrecklich geheimnistuerisch. Dort hat sie ihr Hauptquartier eingerichtet.«

»In ihrem Schrank?«

»Ja. Türen geschlossen.«

»Vielleicht fühlt sie sich sicher darin. Nach einem solchen Schock kann ich das verstehen, ich selbst in meinen Möbeln …«

Elise lächelt ihr zu.

»Ja, man kann wirklich nicht sagen, dass Sie zu wenig Möbel haben, Chiara.«

»Das kann man nicht. Ich bedaure, dass man keine in den Korridor stellen darf.«

»Das wäre doch blöd, wenn man nicht mehr aus Ihrer Wohnung hinaus könnte«, fügt Elise schelmisch hinzu. »Es steht schon ganz schön viel herum …«

Chiara blättert in Mathildes Geschichtsbuch mit dem Titel *Mein erstes Schweizer Geschichtsbuch*.

»Ich kam 1946 mit einem Koffer am Bahnhof in Brig an. Die erste Welle. Wir mussten uns für die ärztliche Untersuchung ausziehen. Danach habe ich ihn, den Koffer, nicht mehr gefunden. Claudio, mein Mann, wurde auf einer Baustelle eingestellt, ich bei einer Dame. Er wohnte in den Arbeiterbaracken. Am Sonntag sahen wir uns. Giacomo blieb bei meiner Schwester in Bari. Er war fünf. Claudio und ich hatten spät mit dem Babymachen angefangen, und dann machten wir nur ein einziges, aber das ist ein Meisterwerk.«

Elise hört Chiara zu und hat dabei den Eindruck, es handele sich um einen anderen Planeten.

»Sie sind hiergeblieben, ohne ihn zu sehen? Den Kleinen?«

»Claudio sah ihn jeden Winter, wenn er heimfuhr. Dann musste er auf der Baustelle aufhören. Er hatte das Glück, diesen Platz hier als Hauswart zu finden. Ich selbst ging jedes Jahr drei Wochen heim. 1951 holten wir ihn nach, als wir unsere neue Wohnung hatten. Und dann, naja, da bin ich nun mit all diesen Möbeln, all diesen Sachen. Ich mache immer höhere Stapel, beim Ankommen jedoch …« Chiara verliert sich in ihren Erinnerungen.

»Diese hier sind für Mathilde«, sagt Elise und zeigt auf die Bücher. »Ich schäme mich ein bisschen. Andrew verschwand genau bei Schulbeginn. Ich war nicht wirklich da für die Kinder. Mathilde hat ihre Einbände improvisiert, überall Klebebänder. Sie haben nur ein paar Wochen gehalten, dann waren sie zerrissen. Immerhin bin ich die Spezialistin für das Büchereinbinden. Im Übrigen bin ich jetzt die Spezialistin für alles. Da sieht man, dass er wirklich tot ist.«

»Diesen Gedanken muss man leider akzeptieren«, stimmt Chiara zu.

»Das einzig Positive an der Sache ist, dass ich meinen Mann nicht mehr verlieren kann.«

Das war Elises große Angst immer gewesen. Und nun liegt diese Angst hinter ihr.

★ ★ ★ ★ ★

DIE SHADOKS GESTIKULIEREN fieberhaft auf ihrem Planeten, ohne Mathildes Interesse erregen zu können. Sie hat ein neues Foto auf dem Kaminsims bemerkt. Man sieht ihren Vater mitten bei der Arbeit in seiner Werkstatt, er beugt sich über den riesigen Tisch in der Mitte. Das leuchtende Weiß des vor ihm ausgespannten Segels erhellt sein Gesicht. Mathilde, die oft dort an seiner Seite gebastelt hat, vervollständigt mühelos das Bild, indem sie den Schrei der Möwen, den Geruch von Leim und Tabak hinzufügt. Sie erinnert sich, wie gern sie, als sie noch ganz klein war, ihren Arm um ein Bein des Vaters gelegt und den rauen Stoff seiner Latzhose an ihrer Wange gespürt hat.

»Mat?«

»Hmm.«

»Wo ist Eeyore?«

Henry packt ihr Mississippi Steamboat auf die Knie.

»Hör mal«, sagt er, »ich verstehe nicht, was der Kater den ganzen Tag über vor der Badezimmertür macht.«

Der Kater schaut ihn zornig an. Mathilde fährt mit der Hand über die zweifarbige Stirn. Sie sieht gern, wie die Katzenaugen größer werden, wenn man ihm die Brauen hochzieht. Er ist intelligent, der Kater.

»Hast du ihn verloren?«, beharrt Henry. »Hast du ihn mit hinausgenommen?«

»…«

»Sollen wir ein Plakat mit unserer Telefonnummer entwerfen? Wir könnten es in den Eingang und in den Square hängen. Du könntest sein Porträt zeichnen …«

Mathilde kann zu Eeyore nichts sagen. Die Scham treibt ihr das Blut in den Kopf.

»Hast du ihn bestraft?«, beharrt Henry weiter.

Im Fernseher kratzen sich die Shadoks den Kopf, um das Perpetuum Mobile zu erfinden.

»Gehst du morgen in die Schule?«

»Nein, glaube nicht. Ich war gestern. Wollte mal sehen.«

Unglaublich, wie ihr Bruder seiner eigenen Agenda folgt und sich nicht um die obligatorische Schule kümmert.

»Und … übermorgen?«

»Nein.«

»Aber …, was machst du denn dann?«

Henry schaut auf das Buch, das er noch in der Hand hält. Auf dem Umschlag wird ein Mann von einer riesigen Schlange erwürgt.

»Bob Morane ist auch nicht in die Schule gegangen.«

»Woher weißt du das?«

»Hab ich irgendwo gelesen«, antwortet Henry vage.

Der Übergang von der Primarschule in die Schule der Großen ist jedoch zweifellos ein wichtiges Ereignis. Der Mathematiklehrer wird Vasarely ähneln, er wird einen leichten ungarischen Akzent haben, sehr schnell sprechen und die Formeln auf die Wandtafel schmieren, ohne sich umzuschauen und nachzusehen, ob jemand es nicht verstanden hat. Nicht in die Schule gehen, ist unvorstellbar, außer natürlich in den Handarbeitsunterricht.

»Was sagt Mama?«

»Dass sie die Polizei holt.«

Mathilde denkt an den Korridor und die drei schwarzen Männer in Uniform, die ihnen das VERSCHWINDEN mitgeteilt hatten.

»Aber ich weiß, dass sie das nicht tut«, fährt Henry fort.

»Wann gehst du wieder?«

Die Eingangstür, die zugemacht wird, signalisiert die Rückkehr ihrer Mutter. Vom Wohnzimmer aus sieht Mathilde, wie sie ihren Einkaufswagen in den Eingang stellt und ihren Regenmantel auszieht. Es handelt sich um einen beigen vollkommen banalen Regenmantel, ein Kleidungsstück, dem man oft auf der Straße begegnet. Jeder hat einen mehr oder weniger gleichen. Aber dieser hier gehörte ihrem Vater. Er riecht noch nach ihm. Im Lauf der Monate ist der Regenmantel des Vaters unter anderen Kleidungsstücken, die an der Garderobe mit ihren nur vier Haken im Eingang hingen, zum Vorschein gekommen. Warum wohl hat ihre Mutter ihn hervorgeholt, wo sie doch selbst einen Mantel besitzt?

Mathilde weiß nicht genau, was sie sagen soll, als sie sieht, wie sie den Regenmantel aufhängt, aber sie weiß, dass sie in diesem Augenblick gern etwas gesagt hätte.

In der Küche räumt Mathilde den Einkaufswagen aus, taucht die Arme bis zu den Achseln in die Tasche.

»Danke, Schatz«, haucht ihre Mutter. »Henry? Es ist schön draußen, gehst du ein wenig Rollschuhlaufen mit Mathilde?«

Henry, ganz Kavalier, zeigt sich begeistert und schlägt Mathilde sofort vor, eine Rollschuhtour auf den Quais zu machen. Mathilde macht sich nichts vor. Sie ziehen im Korridor die Rollschuhe an und fahren mit dem Aufzug hinunter. Sie fragt sich, ob Henry die Geschichte mit dem Regenmantel bemerkt hat. Müssten die Sachen des Vaters nicht etwas spezieller behandelt werden?

In Wirklichkeit ist das Wetter überhaupt nicht schön. Die aufgeladene Wolkendecke hält sich bereit, über dem See zu bersten. Die Fontäne ist in ihrer Pumpe erstarrt. Die Leuchtturmlinse dreht sich um ihr Leuchtfeuer und ruft die Schiffe an Land. Ein einziges weißes Dreieck sucht den Weg zum Hafen, vielleicht ein Segelschiff, das in der Werkstatt *Kinley Segel-See und Meer* hergestellt wurde. Die Fahnen auf der Mont-Blanc-Brücke sind eingeholt. Die nackten Kordeln schlagen wütend gegen die Stangen.

»Komm, wir gehen bis zum Leuchtturm«, schreit Henry.

Von ihrem Vater hatten sie gelernt, dass der Leuchtturm auf der Reede der einzige Leuchtturm der Schweiz ist. Er sagte das so, als ob diese Information für irgendetwas nützlich sein könnte. Sie gehen über die Goléron-Brücke, die zur Fontäne führt. Der Kiesstrand und das knirschende Drehkarussell sind verlassen. Unregelmäßige Wasserstrahlen fallen auf die Steine rund um den Leuchtturm. Das Wasser formt wütende Strudel. Wurde der Vater von solch schwarzem Wasser verschlungen?

»Und wenn Mama auch einen Unfall hat?«, fragt plötzlich Mathilde außer Atem.

»Mama geht kein Risiko ein, das weißt du doch.«

»Kämen wir dann ins Waisenhaus?«

»Ach wo. Wir kämen zu Tante Meg. Da, wo wir an Weihnachten hingehen.«

»Weihnachten?«

Da der Vater verschwunden war, erwartete Mathilde nicht, dass es mit Weihnachten trotzdem weitergeht. Bei Tante Meg gibt es Wurst zum Frühstück. Mittags Kartoffeln und *jellys,* Butterbrote um achtzehn Uhr. Danach dann soll der Magen bis zum Morgen ohne irgendetwas auskommen. Zum Glück gibt es auch *sherbet dips.* Und Rommé-Partien. Und keine Skier.

»Weißt du, was eine Statistik ist?«, fragt Henry.

»Mm.«

Mathilde kannte Statistiken viel besser, als das jämmerliche Mathebuch ihres Bruders hergab.

»Es ist unmöglich, dass uns das zweimal passiert«, beruhigt Henry.

✹ ✹ ✹ ✹ ✹

Der Mond wirft eine elliptische Form auf den Boden des Speichers, der mit zerknülltem Seidenpapier bedeckt ist. Hubert ist dabei, nervös Kisten und Schachteln, die auf dem Speicher lagern, zu öffnen und hat keine Zeit, zum Dachfenster hinaufzuschauen und die poetische Wirkung zu genießen.

»Meirenlingen … Ostindien Kompagnie … Quianlong-Dynastie … Messenthal«, murmelt er vor sich hin.

»Ah, hier sind Sie! Ich habe Sie überall gesucht«, sagt Elise, die die kleine Treppe zum Dachgeschoß hinaufsteigt.

»Und ich wollte mir gerade einreden, dass Sie ganz einfach schon heimgegangen sind. Ich kann mich überhaupt nicht daran erinnern, wo ich dieses verdammte Blumverstein-Service hingeräumt habe. Die Schenkung von Monsieur de Remsbacken. Er hat mich danach gefragt heute Abend. ›Er verstehe nicht, warum es nicht ausgestellt ist.‹ ›Wird seine Schenkung für dieses Jahr noch überdenken.‹ ›Ist enttäuscht.‹ Ich musste ihm jede Menge Versprechungen machen. Alle nicht zu halten. Ich habe zu viel getrunken. Ich bin todmüde.«

»Es waren gerade mal dreißig da. Das macht uns nicht wieder flott. Ich konnte nichts essen mit diesem Gürtel.«

Elise hatte ein Abendkleid mit geometrischen Mustern gewählt, das von einem breiten roten Plastikgürtel betont wurde, ein Aufzug, den sie sicherlich auf einem Flohmarkt gekauft hatte, und der, nach Huberts Diagnose, auch dazu beigetragen hat, den Untergang des Museums zu beschleunigen. Sie nimmt den Gürtel ab und wirft ihn über eine Schulter.

»Ah, Glovatchek, Teeservice. Haben Sie gesehen? Wo sind die anderen …? Ja, aber was ist denn das? Ist doch erstaunlich, nicht wahr? Madame Kinley, ich wundere mich über all diese nicht inventarisierten Schachteln.«

Als Antwort wirft sie ihm einen entnervten Blick zu. Er macht sich daran, noch einen Karton auszupacken.

»Wir suchen Ihr Service morgen, Monsieur Vagnière. Jetzt ist nicht der richtige Zeitpunkt.«

Aber er ruft aus: »Ich weiß genau, dass ich es gesehen habe … Nicht dieses hier. Wir müssen uns wirklich ernsthaft Gedanken über dieses Lager machen. Schauen Sie. Eine Suppenschüssel Huvesbeiern. Und jeder Löffel in seinem Lederetui. Wir könnten leicht eine Ausstellung nur mit Etuis machen!«

Sie nimmt ihm die Suppenschüssel aus der Hand und wickelt sie wieder in das Seidenpapier. Hubert setzt sich mühsam auf eine Kiste, die Ärmel seines Smokings sind voller Staub.

»Nach dem Tod meines Vaters hat meine Mutter eine silberne Suppenschüssel verkauft, um ein Schwimmbad zu kaufen«, sagt er.

»Ich habe einen Fernseher gekauft. Ich habe die Kinder davorgesetzt.«

Sie nimmt auf dem Seidenpapier Platz. Hubert bewundert, wie graziös sie auf den Boden geglitten ist und die Beine unter sich kreuzt.

»Neulich waren Helene und ich eingeladen, und da sehe ich diese Suppenschüssel mitten auf dem Tisch unserer Gastgeber, gefüllt mit einem Blumenarrangement! Können Sie sich den Schock vorstellen? Unser Schwimmbad war nichts. Es hat sich schnell in einen Teich verwandelt, in dem unsere Krocketkugeln verschwanden.«

Als sie nicht reagiert, präzisiert er:

»Es war mein Fehler. Ich war mit der Sauberkeit des Schwimmbeckens beauftragt. Ich erinnere mich, dass meine Mutter ein Set mit vielen kleinen, farbigen Fläschchen gekauft hatte. Man musste den Inhalt mit Wasser aus dem Schwimmbecken mischen und vergleichen. Das war schön. Aber ich vergaß, es zu machen. Mein Bruder schwamm wie ein Fisch, ich nicht. Er stoppte sich, erfand alle möglichen komplizierten Choreographien. Er hat im Übrigen seine Frau im Wasser kennen gelernt. Ich habe Helene in der Tanzstunde kennen gelernt. Wir haben uns zum ersten Mal in der Kunst- und Architekturbibliothek geküsst. Sie studierte *l'Art pompier*, den akademischen Prunkstil.«

»Nicht unbedingt mein Fall«, sagt Elise. »Hat sich Ihre Frau von dem Verlust ihres Pferdes erholt?«

Er schaut sie misstrauisch an. Diese Frau ist zu Ironie fähig.

»Es ist hart. Sie steht unter Medikamenten.«

»Mhm.«

»Mein älterer Bruder hat das Tafelsilber unter dem Vorwand geerbt, es seien Wappen darunter, was im Übrigen nicht stimmt. Er benützt es, aber ohne Verständnis. Man merkt, dass er nicht viel Ahnung hat. Ich konnte ein Salzfass, Mitte XVIII., retten, gebaucht, gekrümmte Füßchen, zwei winzige Libellenflügel auf dem Deckel, zart wie Pauspapier, vielleicht ein Von Staufenlinden, sehr niedlich. Helene und ich wurden schnell von unseren jeweiligen Eltern vereinnahmt. Hochzeit mit Lampions. Hochzeitsreise nach Irland. Die Kinder kamen. Und dann hat sie sich in Alpaga verliebt. Eine wahre Monomanie.«

Im Mondschein bemerkt er, dass ihre unteren Augenlider schwarz verschmiert sind. Die Schminke hat nicht gehalten.

»Gut«, sagt er und steht abrupt auf, »das ganze Silber, ich weiß nicht, warum hier eine derartige Unordnung herrscht, das ganze Silber stellen wir hier unters Dach.«

Er zeigt auf die neue Silberzone mit den großen Gesten eines Schaufelrads, kann jedoch seine Begeisterung nicht weitergeben.

»Es ist zwei Uhr früh, Monsieur Vagnière. Kommt nicht in Frage, dass ich jetzt diese Kisten transportiere.«

»Und zu spät, um mich weiterhin Monsieur Vagnière zu nennen.«

»Einverstanden. Hubert. Und ich bin Elise.«

»Ja, weiß ich, so nenne ich sie im Stillen schon länger.« Er öffnet noch einen Karton mit ziemlich überflüssiger Emphase.

»Ah! Noch eine Suppenschüssel! Schauen Sie. Es ist ein zusammengerollter Zettel darin. ›Für mein Klärchen. Komm bald wieder zu uns‹.«

»Ich frage mich, wer dieses Klärchen war«, sagt Elise träumerisch. »Wir könnten diese Zeilen ausstellen. Mit der Suppenschüssel.«

Bei dieser Idee wird sie wieder munter.

»Und andere erfinden! Zum Beispiel könnten wir schreiben: ›Ich war es, der Paul getötet hat‹.«

»Philoctète, ich liebe dich heimlich schon seit dreißig Jahren. Dein Schwiegersohn, Edouard«, schlägt Hubert vor.

»Jetzt bin ich alt, aber vorher war ich jung.«

»Dein echter Vater ist Baron de Clage, Schatz. Kämpfe um dein Erbe.«

»Comtesse von Dingsda hat mich geschenkt. Unterschrift: Die Zuckerdose.«

»Ich bin eine Fälschung«.

Dieses Mal lässt er sich direkt neben ihr auf den Boden fallen.

»Ich weiß nicht mehr, was ich mit meinen Beinen machen soll. Ich habe den Eindruck, jedes wiegt eine Tonne.«

Nachdenklich massiert er sie. Elise zieht ihre Pumps aus.

»Ich habe eiskalte Füße.«

Gleichzeitig scheint sie auch unter der Form dieser Damenschuhe zu leiden, die ihr ungewohnt sind.

»Ich habe sie von meiner Nachbarin gegen einen Badeanzug ausgeliehen. Meine Füße sind sie nicht gewohnt.«

»Geben Sie her. Ich werde sie wiederbeleben. Meine Mutter sagte immer: ›Die Füße müssen in der Nacht bei dreißig Grad schlafen!‹ Im Winter gab sie mir Trapper-socken zum Schlafen.«

Er nimmt den rechten, in der Tat eiskalten Fuß. Und das ist genau die Art von Gefallen, zu der sich Hubert in der Lage sieht. Dieser Fuß in seiner Hand weckt in ihm die Lust, dieses verstaubte Museum mit seinem ganzen Inhalt zum Tanzen zu bringen und zu zweit unter dem gestirnten Himmel zu verweilen, ziel-los, ohne Vergangenheit und Zukunft. Wonnig wägt er die Wade in der Hand.

»Wir haben kein System, Hubert. Sie sind gerade dabei, noch mehr Unordnung zu schaffen. Das ist die zur Museumskunde gehörende Entropie«, sagt sie fast zärtlich.

»Einige schöne Überraschungen, trotz allem. Und noch ist nicht alles geöffnet, Elise. Haben wir wenigstens noch Seidenpapier?«

Allerdings interessiert ihn die Wade in seiner Hand unendlich mehr als das Silber und das Porzellan. Es gab einmal einen Augenblick in seinem Leben, damals, als er regelmäßig den Gipssaal im Museum für Kunst und Geschichte besuchte, wo er Medizin hätte studieren können.

Hinterher ist man immer klüger.

»Wir haben Hektare von Seidenpapier. Genug, um das ganze Museum einzuwickeln. Aber es wäre nicht schlecht, wenn wir das morgen machten. Das Museum ist am Ende. Sie haben ebenso begriffen wie ich, was aus diesem Abend zu folgern ist.«

»Ich habe alles für dieses Museum gegeben. Ich muss es für mich retten, Elise.«

»Nach meiner Meinung werden Sie am meisten Madame Pons vermissen. Täusche ich mich?«

»Vielleicht«, sagt Hubert und streicht mit der Hand etwas weiter die Wade hinauf.

»Ich glaube, dass die liebe Madame Marianne schon vor langem begriffen hat, dass sie sich schleunigst bei Manpower melden sollte. Außer dass sie taupefarbene Kostüme sammelt, ist sie auch noch clever.«

»Ich werde ihr die Suppenschüssel mit dem Zettel zeigen. Das wird ihr gefallen«, sagt Hubert mit heimlichem Lächeln.

＊ ＊ ＊ ＊ ＊

SIE HATTE AUF SCHLECHTES WETTER GEHOFFT, darauf, dass eine Wolkendecke die Wasserfläche bedecken würde. Es ist schönes Wetter. Der Ärmelkanal glitzert unter der Wintersonne. Elise setzte sich ans Fenster. Die Kinder protestierten nicht. Die Stewardess verteilte, ohne zu wissen, wie sehr sie es nötig hatten, Schokoladetäfelchen der Swissair mit Schweizer Landschaften auf der Verpackung. Wenn die Familie früher nach London gereist war, musste in der Mitte der Reise eine Rochade vorgenommen werden, damit jedes Kind einmal hinausschauen konnte.

Im letzten Winter mit Andrew hatten sie eine kleine Wohnung in den Bergen in einem Chalet gemietet, direkt neben der Langlaufpiste. Sie hörten das *tsch tsch,* wenn die Skier vor den Fenstern über den Schnee glitten. Mathilde hatte, Gott weiß wie, die Bronzemedaille der Schweizer Skischule gewonnen, Henry die silberne. Elise sah sich in diesem Jahr nicht imstande, allein mit den Kindern eine Wohnung zu mieten. Ihre Verwandtschaft beschränkte sich auf einen älteren Bruder mit erwachsenen Kindern und war folglich keine große Hilfe. Sie hätte also in einen Skiort hinauffahren müssen, ohne jemanden zu kennen. Wie kann es nur sein, wunderte sich Elise, dass man nach einem einfachen Verschwinden so isoliert ist, wo sie doch immer den Eindruck gehabt hatte, ein Leben reich an Freundschaften und Bekanntschaften zu führen? Jetzt kommt die einzige Unterstützung von völlig unerwarteter Seite, von Chiara und, man muss es wohl zugeben, von Hubert Vagnière, ihrem hektischen Chef.

Natürlich ist es für Elise völlig ausgeschlossen, Hubert mit Andrew zu vergleichen. Ihr Mann passte in jeder Beziehung zu ihr. Das müsste den so verschiedenen Hubert disqualifizieren. Und obendrein verheiratet. Warum sie vergleichen? Weil beide Männer sind? Die Frage der Männer und der Zukunft hat sich noch nicht gestellt. Und doch hält sich der Vergleich, so absurd er ist, in Elises Bewusstsein und verlangt nach Gegenüberstellung. Andrew trägt den Sieg davon in allem, was Körper, Abenteuergeist, Lebendigkeit betrifft. Hubert da, wo, nun, bei allem, was … Huberts Charme besteht ganz einfach darin, dass er am Leben ist.

Hier nun also das Äquivalent zu ihrem Friedhofsbesuch. Andrew liegt da unten, irgendwo, in der Tiefe. Im ovalen Rahmen des Fensters zieht der Kanal ihren Blick auf sich. Wenn Elise eine Blume hätte, würde sie sie gern hier hinunterwerfen. Die Blütenblätter ausgebreitet beim Hinunterfliegen durch die Luft, wogend beim Eindringen ins Wasser, und dann würde sich die

Blume sanft auf Andrews Lippen legen, der tief unten im Wasser liegt. Mathilde ist in die Betrachtung des Umschlags des Superweihnachtshefts von *Onkel Dagobert* vertieft, auf dem die drei Junior-Biber einen Tannenbaum schmücken. Henry hat die Augen geschlossen.

★ ★ ★ ★ ★

»HELENE? HAST DU NICHT ZUFÄLLIG meine braunen Schuhe gesehen?«

Helene steht vor dem Herd und starrt auf den Kaffee, der gerade bei offenem Deckel in die Kaffeemaschine läuft.

»Und warum sollte ich deine braunen Schuhe nicht gesehen haben?«, fragt sie.

Hubert macht diese Antwort sprachlos.

»Ich finde sie nicht.«

Jetzt dreht sie sich zu ihm um.

»Also, du brauchst mich doch bloß zu fragen, ob ich deine braunen Schuhe gesehen habe. Nicht, ob ich sie nicht gesehen habe. Das ist doch vollkommen absurd. Ich bin schon in Trauer. Mach's nicht noch schlimmer.«

Hubert, in Socken, geht aus der Küche hinaus und kommt noch einmal herein.

»Liebe Helene, hast du zufällig meine braunen Schuhe gesehen?«

»Und warum zufällig? Denkst du nicht, dass ich natürlich weiß, wo deine braunen Schuhe sind, da schließlich ich mich um alles im Haus kümmere?«

»Du hast immerhin eine Hilfe.«

»Und die Hilfe? Glaubst du, die hilft ganz von allein?«

Der Gärtner wischt sich die Schuhe auf der Fußmatte vor der Fenstertür ab. Der Kaffee schießt prustend aus dem Ventil hinaus. Hubert geht hin, um den Deckel der Kaffeemaschine hinunterzuklappen.

»Guten Tag, Nino«, sagt er.

»Guten Tag, Monsieur Vagnière.«

Außer Klingen schärfen, den Schuppen aufräumen, den Kies harken gibt es für einen Gärtner im Winter, noch dazu ein paar Tage vor Weihnachten, nicht viel zu tun. Normalerweise kümmert sich Hubert nicht um das morgendliche Protokoll seiner Frau und des Gärtners. Ein gemeinsamer Kaffee vor der Arbeit, einer mitten am Vormittag und einer zu Beginn des Nachmittags, das ist alles, was er von den beiden weiß. Dieser Rhythmus kommt ihm plötzlich ziemlich dicht vor.

»Sind das aufwändige Arbeiten?«, fragt er, um zu betonen, wie nutzlos es ist, ihm ein Gehalt für nichts zu bezahlen.

Helene tritt dazwischen.

»Nino macht zurzeit den Stall sicher.«

»Willst du wieder Pferde hineinstellen?«

»Bestimmt nicht!«, reagiert sie, sichtlich geschockt von einer solchen Perspektive.

Nino fühlt sich zuhause in der Küche seiner Chefin, öffnet die richtige Schublade, um einen kleinen Löffel zu nehmen, gießt sich, vor dem Herd stehend, Kaffee ein. In seiner Hand scheint die Tasse besser in ein Puppenhaus zu passen. Hubert bemerkt, dass der Gärtner seiner Frau mit einem wunderbaren Profil ausgestattet ist, vollkommen geradlinig vom Haaransatz bis zum Nasenende, ein kretisches Profil, obwohl er aus Porto stammt.

»Fahren Sie zum Weihnachtsfest nach Hause?«, fragt Hubert, um etwas zu sagen.

»Nein, ich bleibe zuhause«, antwortet Nino und zieht spöttisch eine Augenbraue hoch.

Als er kurz den Kopf zurückwirft, um seinen Ristretto zu trinken, bilden Kehle und Kinn ebenfalls eine schöne gerade Linie, fast perfekt, nur der Adamsapfel sticht viril hervor. Hubert fragt sich, ob sein eigener Adamsapfel auch so hervorsticht. Er fährt weiter mit seiner Befragung.

»Dann befassen Sie sich also auch mit Schreinerarbeiten?«

»Nein, das geht extra.«

Der Mann sagt *ixtra*. »Es ist jedoch nicht komplizierter, *extra* mit e zu sagen«, denkt Hubert.

»Gut. Kommen wir auf unsere Schuhe zurück«, sagt er zu seiner Frau.

Hubert ist es gewohnt, dass seine physiologischen Bedürfnisse von anderen als ihm selbst erledigt werden. Seine Kleider absolvieren einen ausgeklügelten und geheimnisvollen Zyklus, der wohl schwierig zu beschreiben wäre. Er lässt sie schmutzig auf dem Bett oder im Badezimmer liegen und findet sie einige Tage später einwandfrei im Kleiderschrank wieder. Er geht zum Herd, um sich Kaffee zu holen. Nino rückt nicht auf die Seite. Er ist kleiner, was die Größe betrifft, aber kräftiger im Umfang.

»Ich glaube, es regnet gleich«, sagt Hubert aufs Geratewohl. »Das wird Ihnen die Arbeit erschweren.«

»Mach dir keine Gedanken, Hubert, Nino ist sehr geschickt.«

Die Küche ist groß, trotzdem bleiben alle drei eng beieinanderstehen. Bei dieser Formation kann Helenes Brust nicht unbeachtet bleiben. Es handelt sich um den gleichen Typ Brust wie bei Madame Pons, ein Hindernis, wenn man davon träumt, Reiterin zu werden. An Huberts Frau hängen Halsketten nicht, sie sind ausgestellt. Und wenn die Brust keine Kette ausstellt wie jetzt im Morgenmantel, dann lädt sie dazu ein, irgendetwas draufzulegen, einen Kopf, eine Hand, ein Kaffeetässchen. Am Beginn ihrer Beziehung war Hubert erregt von diesem Tablett, obwohl er nie wusste, was er damit zu ihrem Vergnügen hätte anfangen können.

»Na gut, dann hole ich sie jetzt«, sagt sie und geht Richtung Waschküche.

»Danke, Schatz.«

Hubert war es noch nie gelungen, seine Gattin »mein Schatz« zu rufen. Er bedauert das nicht, außer, wenn er das Gefühl hat, bestätigen zu müssen, dass Helene ihm gehört und keinem anderen. Sobald er seine Schuhe angezogen hat, geht er aus dem Haus, lässt die beiden bei ihrem mysteriösen Vorhaben allein. Er stellt sich Nino vor, wie er die Tasse abstellt. Auf dem Weg zur Garage, in der sein Auto auf ihn wartet, beschließt er, einen Abstecher zum Stall zu machen. Das Haus gehörte Helenes Vater, ihr obliegt also sein Unterhalt, eine Aufgabe, der sie immer gewissenhaft nachgekommen ist. Gleichwohl fühlt sich Hubert – um ein bisschen den Hausherrn zu markieren – verpflichtet, auf dem Laufenden zu bleiben bei allen Reparaturen und manchmal hat er sogar auf einen schadhaften Zaun oder eine undichte Dachrinne hingewiesen. Er öffnet die Stalltür. Der verstohlene Blick, den er hineinwirft, macht ihm den seltsamen Eindruck, dass seine Frau mehr macht, als nur den Stall zu sichern. Er steigt in seinen Wagen und bleibt einige Augenblicke ratlos am Steuer sitzen, dann erst macht er den Motor an und schaltet auf *rückwärts*.

»Keinen einzigen Tag, seit wir aus den Ferien zurück sind. Er weigert sich ganz und gar, wieder hinzugehen. Als ob er einen Plan hätte. Er sieht so entschlossen aus, das ist schon beunruhigend, und dabei hat er überhaupt keinen Plan!«

»Ich weiß nicht, was ich an Ihrer Stelle täte, Elise.«

Chiara fügt nicht hinzu, dass dieser Junge verdammtes Glück hat, eine gute Erziehung zu bekommen.

»Und Mathilde?«, fragt sie. »Wie geht es ihr?«

»In ihrem Schrank natürlich.«

»Ich sage ihr guten Tag, einverstanden?«

»Oh ja! Einverstanden. Ihnen gelingt es vielleicht, sie herauszuholen ...«

Mathilde hat die Tür zu ihrem Zimmer offengelassen. Es wirkt in dem durch die orangefarbenen Vorhänge scheinenden Licht freundlich. Chiara erkennt den Grundriss ihres eigenen Wohnzimmers wieder, außer dass bei ihr der Wandschrank links vom Eingang steht und nicht rechts. Das nur mit wenigen Möbeln ausgestattete Zimmer wirkt riesig. Die Schranktüren sind geschlossen. Ist die Kleine da wirklich drin? Chiara klopft ungläubig. Sofort öffnet sich der eine Türflügel, und die zwei schauen sich ganz verblüfft an.

»Ich bin's, Chiara! Man könnte meinen, du hast einen Oger gesehen!«, sagt sie liebevoll.

»Oh. Guten Tag. Ich dachte, es wäre Henry.«

Mathilde sitzt eingezwängt zwischen einem Regal und der anderen Tür, die geschlossen ist. Der Schrank ist mit geometrischen Malereien in lebhaften Farben geschmückt und sogar mit einer Lampe ausgestattet.

»Sie können sich hierhersetzen. Das ist der Gästeplatz. Sie sind mein erster Gast außer Henry«, sagt die Kleine.

Es handelt sich um einen Stapel alter Telefonbücher unter der Kleiderstange.

»Ich bin nicht mehr ganz jung ...«

Chiara hält sich an der Kleiderstange fest, hofft, dass sie solide befestigt ist, und bückt sich, um über den Schrankrahmen zu steigen, dann lässt sie sich auf die Telefonbücher fallen. Nicht sicher, ob sie die Operation im umgekehrten Sinn wiederholen kann.

»Zum Glück bin ich geschmeidig«, stellt sie fest. »Sehr schön ist es hier eingerichtet.«

»Henry hat das Brett festgemacht. Ich kann es zum Arbeiten herunterlassen, und wenn ich fertig bin, klappe ich es hoch. Nur dass ich es nie hochklappe, weil so viel darauf liegt. Ich kann die Lampe zum Arbeiten hierherstellen oder hier hinhängen, wenn ich nichts tue. Meine *sherbet dips* sind hier drin. Ich habe vollgetankt an Weihnachten. Ich kann eine Besucherin empfangen. Möchten Sie eines?«

Sie zeigt auf eine Umhängetasche, die an der Kleiderstange hängt. Chiara hat Mathilde noch nie so lebhaft erlebt.

»Nein danke. Ich will nicht noch einen Zahn verlieren. Hübsch sind die Farben alle.«

»Meine Dekoration«, erklärt Mathilde.

»Geometrische Dekoration also.«

»Das ist mein Lieblingsmaler. Er heißt Vasarely.«

»Und das da?«, fragt Chiara und zeigt auf Blätter, die mit Punkten vollgekritzelt sind.

»Dieses ist die 228 und dieses die 143.«

Chiara hat keine Mathematik mehr gemacht seit 1913, dem Jahr, in dem ihr ihre Mutter mitgeteilt hatte, dass sie nicht mehr auf die Schule gehen wird, weder in die ihres Dorfes in Apulien noch in eine andere.

»Erklärst du mir das? Du willst sagen, dass auf diesem Blatt hier 143 Punkte sind? Aber …«

»Es gibt Zahlen, die haben eine hübsche Form. Zum Beispiel die 64, das ist ein Quadrat, 8x8. Diese hier sind rechteckig. Dieses hier ist meine Lieblingszahl, denn sie hat die Proportion des goldenen Schnitts.«

»Aaaah, der goldene Schnitt«, sagt Chiara beeindruckt, obwohl sie keine Ahnung hat, worum es sich handelt. »Schau, ich habe dir eine Kleinigkeit mitgebracht. Vorsicht, das Band ist sehr alt. Älter als ich.«

Chiara reicht Mathilde den Gegenstand, den sie heute morgen sorgfältig in Seidenpapier gewickelt und mit einem alten Band geschmückt hat. Das kleine Mädchen holt vorsichtig eine Glaskugel aus der Verpackung.

»Ohh! Ist das ein Stück aus Ihrer Sammlung?«

»Eine Millefiori. Eine meiner liebsten. Sie ist fast vollkommen rund.«

»Ich werde sie behandeln, wie es sich gehört. Das schwöre ich! Danke! Ich stelle die Kugel auf meinen Schreibtisch und hänge das Band hier auf. Im Schrank wird es nicht weiter altern.«

»Na dann bleibe ich auch hier, denke ich«, sagt Chiara lachend. »Und wenn ich Dauergast hier werde, könntest du mir dann ein kleines Kissen besorgen?«

Mathilde lächelt. Friedliche Stille zieht ein, während sie die Effekte der Lichtbeugungen im Glas bewundern.

»Hattest du schöne Ferien in England?«

»Nein. Nicht so … Warten Sie, ich mache Ihnen zum Dank ein Himmel und Hölle!«

Eifrig sucht sich die Kleine ein Blatt Papier aus dem Stapel auf dem Brett aus und fängt an, es zu falten.

»Wir haben eine neue Lehrerin, die hat uns gefragt, was unser Papa von Beruf ist.«

»Und was hast du geantwortet?«

»Ich habe gesagt, dass er verschwunden ist.«

Im Mund des kleinen Mädchens wird »verschwunden« zu einem Beruf.

»Valérie hat gesagt, dass ihr Papa ein Spion ist. Aber das ist nicht wahr.«

»Weißt du, gut möglich, dass man dich wieder nach dem Beruf deines Vaters fragt. Das nächste Mal könntest du einfach die Wahrheit sagen.«

Mathilde denkt nach.

»Tot, meinen Sie?«

»Dein Papa ist jetzt tot, das stimmt. Aber vorher hat er gelebt.«

»Meistersegler?«

»Meistersegler, das ist sehr gut, finde ich! Geheimnisvoll.«

»Wissen Sie, wie viele Tote es gibt?«

»Insgesamt? Alle Toten zu allen Zeiten?«

»Ja. Ich habe angefangen zu zählen, aber das ist nicht einfach.«

Mathilde zeigt ihr kleine Papierzettel, die wirr mit Zahlen bedeckt sind. Chiara schaut sie bekümmert an. Die Kleine scheint enttäuscht zu sein.

»Ich stelle mir vor, dass es viele gibt«, schlägt Chiara vage vor. »Ich frage mich, ob eine solche Zählung möglich ist. Ich weiß, dass die Schweiz sechs Millionen Einwohner hat. Vielleicht sollte man bei einem einzigen Land anfangen und dann von da aus weiterfahren?«

»Man müsste wissen, wie viele es ganz am Anfang der Schweiz gegeben hat.«

»Die Schweizer Grenzen haben sich sehr verändert. Das ist vielleicht keine so gute Idee …«

»Madame Debraz hat gesagt, dass wir bald vier Milliarden auf der Erde sein werden. Und wie viele Jahre lebt man?«

»Weiß ich nicht, ungefähr achtzig, denke ich.«

»Und Sie? Wie alt sind Sie?«

»Sechsundsiebzig.«

Chiara könnte schwören, dass die Kleine im Kopf schon achtzig weniger sechsundsiebzig ausgerechnet hat.

»Aber das unterscheidet sich sehr in den Epochen«, fügt sie hinzu, um abzuschwächen. »Und ich bin in meinem zweiten Leben, also da ist es anders.«

Himmel und Hölle ist gefaltet. Mathilde schlüpft mit den Fingern hinein, um zu prüfen, ob es wirklich ganz präzise ist, und öffnet es erst in der einen Richtung, dann in der anderen.

»Madame Giallo?«

»Mm?«

»Was ist das Wichtigste im Leben?«

Bei der Kleinen, da braucht man Stehvermögen, und man muss eine ganze Bibliothek gelesen haben, ehe man das Wort an sie richtet.

»Ich glaube bestimmt, das ist die Gesundheit«, antwortet Chiara schließlich. »Wie glücklich ich war, als ich meine Krankheit hinter mir hatte! Ich hatte Flügel im Rücken! Du hast mich bestimmt ganz zusammengeschrumpft gesehen, in dieser Zeit, da flog ich innerlich!«

»Das ist aber nicht sehr gerecht, wenn man den Kranken sagt, das Wichtigste sei die Gesundheit.«

»Ja, zweifellos.«

Chiara hat die Ernsthaftigkeit des Themas verstanden und nimmt sich Zeit zum Nachdenken über das, was wirklich das Wichtigste im Leben sein könnte.

»Leben, ganz einfach?«, schlägt sie vor.

Mathilde schweigt lange.

»Aber die, die tot sind? Auch für die ist das nicht gerecht.«

»Dann könnte man sagen, das Wesentliche im Leben ist, gelebt zu haben. Was meinst du? Ist das demokratisch genug?«

»Aber wie lange leben? Das heißt ja, dass die, die jung gestorben sind, das Wesentliche im Leben verpasst haben?«

Chiara weiß bald nicht mehr weiter.

»Das Wesentlich im Leben ist die Liebe!« Chiara ist ziemlich zufrieden, diese Feststellung getroffen zu haben, die sie für unwiderlegbar hält.

»Aber wie viel Liebe?«

»…«

✹ ✹ ✹ ✹ ✹

DIE STATISTIKEN LÜGEN. Noch eine in Mathildes Klasse, eine zweite, verliert ihren Vater. Mathilde ist nicht mehr allein. Als die Direktorin hereinkam und den Unterricht unterbrach, um ihnen zu sagen, dass Tania eine Woche lang nicht unter ihnen sein wird, hat das niemand geglaubt. Die Lehrerin ließ eine hübsche kollektive Trauerkarte herumgehen. Man muss sich nun ein paar nette Worte ausdenken und dazu noch etwas Passendes zeichnen. Wenn noch ein dritter Fall eintreten sollte, dann würde die Lage wirklich angespannt. Noch während der Nähstunde am nächsten

Morgen zirkuliert die Karte. Mathilde ist verlegen, als sie auf ihrem Pult eintrifft. Sie gibt sie weiter, ohne etwas beigetragen zu haben. Aber die nach ihr ist auch nicht begeistert.

»Ein bisschen Anstrengung, Lucie«, sagt Madame Boquet. »Das ist doch nicht so schwierig. Danach kannst du dann in den Bastelraum hinunter und sie den Jungs bringen.«

Manch neidischer Kopf erhebt sich da plötzlich.

»Oooh«, ist zu hören.

Die Nähnadel liegen lassen und hinunter in den Werkraum gehen, ist eine Aufgabe, die die meisten von ihnen gern übernehmen würden. Mathilde widmet sich wieder dem Nähen ihres Quilts. Fünfzig auf fünfzig, kaum größer als ein Monopolybrett, diese Größe hat Madame Boquet ihr angewiesen. Die eifrigsten Schülerinnen machen eine größere Decke, denn sie haben schon früher angefangen. Einige beschwerten sich im Übrigen über diese Ungleichbehandlung. Warum darf Mathilde, die ihre Babyfläschchenhülle später als alle anderen fertiggestellt hat, eine kleinere Decke machen? Sie musste sich Protestbemerkungen anhören und schiefe Blicke ertragen. Adieu mit den Mitleidsgesten, alles ist wieder wie immer.

Ihre Fläschchenhülle war zwar offiziell fertig, blieb jedoch in ihrem Pult. Das ursprüngliche Ziel in diesem grauen Ergebnis zu erkennen, das komisch um sich selbst gedreht und von aufgefangenen Maschen übersät war, sogar diagonal, das war nicht mehr möglich. Kein Baby würde so ein Ding wollen.

Mathilde findet das gegenwärtige Werk, dessen Nützlichkeit ebenso undurchsichtig ist, kaum motivierender. Sie hat blaue und orange Farbtöne gewählt mit der Idee, eine umgekehrte Sonne zu machen, blau in der Mitte und orange am Rand. Sie hat schon die Säume und die Ecken von jedem Stoffkaro gekniffen, eines neben dem anderen ausgebreitet und mit Stecknadeln fixiert. Jetzt nur noch die Teile vor dem endgültigen Nähen zusammenheften.

Die Pyramiden in Ägypten wurden schneller erbaut. Sie hat ausgerechnet, dass sie nach dreitausend Heftstichen und sechstausend Steppstichen fertig sein wird.

Valérie ist schon weiter, sie hat mehrere radikale Techniken ausprobiert, mit denen sie Zeit sparen kann. Leider ist bei ihrer Decke nichts wirklich quadratisch, nicht die Decke, nicht die Muster.

»Meine Mama wird es einrahmen, weißt du«, sagt sie zu Mathilde und hält ihr das krumme Parallelepiped hin, »ich schwöre dir, die kann das!«

»Sie könnte es an einen Haken hängen, dann sieht man seine Form nicht.«

Die zwei Mädchen prusten los. Die Traurigkeit, die in diesem Augenblick in Mathilde hochsteigt, kommt unerwartet. Die Nützlichkeit dieser Quiltdecke hat sich ihr soeben offenbart. Sie hätte Eeyore an kalten Tagen hineinwickeln können, und dann hätte er sich darauflegen können, um mit ihr im Schrank zu arbeiten. Fast hätte sie es Valérie erzählt, dann lässt sie es sein, zu sehr tut es in der Seele weh.

»Nächstes Jahr«, gibt Valérie an die Adresse aller kund, »nächstes Jahr haben wir keinen Nähunterricht mehr. Wir lernen dann, wie man Wollpullis wäscht.«

»Hmm?«

»Das stimmt. Meine Schwester hat gelernt, wie man Wollpullis wäscht«, gibt Eva zum Besten. »Man muss sie stundenlang spülen. Wenn die Lehrerin noch eine einzige Seifenblase im Wasser sieht, kriegst du eine Null.«

»Das ist dann ja echt schwierig«, meint eine andere.

»Ruhe!«, donnert Madame Boquet.

Für die Rückseite ihres Quiltdeckchens hat Mathilde einen dunkelblauen, mit winzigen weißen Sternchen übersäten Stoff ausgesucht. Jedes Mal, wenn sie mit der Nadel hineinsticht, dreht sie den Quilt um, um zu sehen, ob sie einen Stern getroffen hat.

Sie stellt sich als Erforscherin des Universums vor auf der Suche nach Zeichen von Leben und, warum nicht, vom Tod. Ihr Vater, Tanias Vater, haben sie sich in etwas vollkommen Durchsichtiges verwandelt? Manchmal sieht sie ihren Vater im Traum, aber ständig ändert er die Größe und manchmal erscheint er ihr kugelförmig, winzig oder riesig. Sie wüsste gern, ob er gelitten, ob er sich allein gefühlt hat, woran er gedacht hat.

»Deine Stiche sind ungleichmäßig, Mathilde, sieh dir die von Catherine an«.

Catherine wird oft als Beispiel genommen. Ihre Stiche sind wie mit der Maschine genäht.

»Ich mache bei jeder Primzahl einen längeren Stich«, erklärt Mathilde.

Madame Boquet schaut sie groß an.

»Wir sind hier nicht in der Mathematikstunde, Mathilde. Der Heftfaden ist genauso wichtig wie der Faden. Das ist die Basis. Ich möchte nicht wissen, was dein Mann sagen würde, wenn du ihm deine Mitgift zeigst.«

»Mein Gift?«, sagt sie erstaunt.

»Sei nicht frech, sonst schicke ich dich zur Direktorin. Trenne diese Naht wieder auf. Von nun an will ich exakte Stiche.«

Sie zurrt das Netz wieder fest, das ihren Dutt zusammenhält.

»Sonst wird es dir im Zeugnis nicht angerechnet«, fügt sie hinzu.

★ ★ ★ ★ ★

»SCHNEEREGEN und der Rechen ist kaputtgegangen …«

Der Junge klopfte einfach an die Fenstertür von Huberts Büro. Unwillig öffnet er.

»Komm rein. Nein, komm nicht rein.«

Er ist bis auf die Knochen durchnässt. Von seinen zu langen, am Kopf klebenden Haaren rieseln zwei Bächlein auf seinen Parka. Linkisch, wahrscheinlich auch keine Sportskanone, an Schultern und Brustbein ein wenig geneigt, große Hände, abgenagte Fingernägel – Elises Sohn ist sicherlich der Entwurf zu etwas, aber schwierig vorherzusagen, zu was.

»Naja«, sagt Hubert, »was könntest du denn drinnen machen? Lass mich dir sagen, dass du in der Schule besser aufgehoben wärst.«

Henry kaut an einem Nagel.

»Gut, das Problem bei jungen Menschen wie bei dir ist, dass ihr nichts könnt.«

»Ich bin gestern fünfzehn geworden. Ich könnte tippen probieren.«

»Tippen worauf, Freundchen?«

»Auf der Maschine.«

»Das ist was für Frauen. Du bist ein Mann, wenigstens fast.«

»Ich kann es trotzdem versuchen, wenn Sie mir sagen, was ich schreiben soll.«

Der Junge ist stur. Aber man muss zugeben, dass der Unterhalt der Kieswege mitten im Winter nicht vorrangig ist. Ohne Illusionen zeigt Hubert ihm das Tonband und die Kopfhörer, die auf dem Schreibtisch hinter ihm liegen.

»Du kannst versuchen, das zu tippen. Aber vorher trocknest du dich ab, und danach erst holst du dir das Gerät.«

Der Junge geht wieder in den Garten. Einige Minuten später sieht Hubert, wie er den Platz von

Madame Pons einnimmt, den Stuhl einstellt, aufmerksam die Maschine untersucht, sie öffnet und schließlich ein weißes Blatt einspannt.

Am späten Vormittag sitzt Henry immer noch auf seinem Stuhl. Hubert ist mehrere Male um ihn herumgeschlichen, erheitert und überrascht zugleich. Der Kontrast ist frappierend zwischen Madame Pons, die emotionslos vor ihrer Maschine sitzt, und diesem mit offenem Mund über seine Aufgabe gebeugten Insekt, das sich die Kunst des Tastendrucks mit einer Intensität aneignet, die erstaunt, da sie von einem Jungen, einem Schulabbrecher kommt. Er findet sich zurecht, inspiriert sich anhand existierender Briefe, um Adresse und Datum korrekt zu tippen. Hubert sorgt sich um sein Tonbandgerät. Henrys mühsames Tastendrücken zwingt ihn, nach fast jedem Wort auf die Tasten *stop* und *play* zu drücken. Er wird alles noch einmal machen müssen. Man kann das Korrekturband nicht unbeschränkt benutzen, es sei denn, man bevorzugt durchlöcherte Blätter.

Mit einem Gefühl aus Aufregung und Angst geht Hubert in die erste Etage hinauf, um Elise zu suchen. Weiß Gott, in welchem Zustand er sie vorfinden wird … Ihr Büro ist leer. Er stößt im Saal XVIII auf sie, einem exakt quadratischen Raum, von dem aus man die Spitze der Fontäne über den Dächern der Altstadt erblicken kann. Mit einem Fuß unter dem Hintern sitzt sie da, hingesunken auf die Recamière, und tut nichts. Hubert kontrolliert diskret, ob ihre Sohle nicht den kostbaren Stoff berührt. Ihr etwas kurzes Strickkleid ist aufs Schlimmste mit einer Hose im Militärstil kombiniert.

»Sie würden diese Hose nicht tragen, Elise, wenn Sie Ihren Militärdienst gemacht hätten.«

Er setzt sich neben sie.

»Ich hielt sie allerdings für amerikanisch.«

»Neu?«, fragt er erstaunt.

»Ja, neu, aber ursprünglich gehörte sie Henry.«

»Er schlägt sich gut auf Madame Pons' Platz. Er hat sich seit dem Morgen fast nicht bewegt. In nassen Hosen noch dazu. Aber gut, komisch ist es trotzdem.«

»Die Perle fehlt Ihnen ein wenig?« Sie zwinkert ihm zu.

Hastig und sehr unkoordiniert steht er auf. Einige große Schritte bringen ihn zum Kamin, was ihm erlaubt, eine Hand auf den Sims zu stützen.

»Ich weiß nicht, was Sie in diesem Museum machen, Hubert. Nehmen Sie es mir nicht übel.«

»Und was soll ich machen, um es nicht übel zu nehmen?«

»Nein, ich will nur sagen, dass die Direktion eines anderen Museums vielleicht besser passen würde.«

Elise hat darauf geachtet, das Wort »Direktion« zu betonen. Er ärgert sich trotzdem.

»Welches Museum zum Beispiel?«

»Weiß ich nicht, naja, das Museum der Bauma-schinen …«

Hubert findet es nicht lustig. Eine Angestellte dürfte so etwas nicht zu ihrem Vorgesetzten sagen. Er wirft ihr einen strengen Blick zu. Sie sieht es nicht. Ihre Augen schauen zum Fenster. Er benutzt den Moment, um sich auf ihrem Gesicht aufzuhalten. Das Licht liegt schräg auf ihren Krähenfüßchen, bildet ein glattes V wie bei einer ägyptischen Statue. Sie dreht sich ihm zu und zwingt ihn so, seine Beobachtung zu unterbre-chen.

»Das Verkehrsmuseum?«

»Als ich jung war, faszinierte mich die griechische Bildhauerkunst. Ich hatte ein Bild des Diskuswerfers an meine Zimmerwand geklebt. Die Direktion des Akropolismuseums hätte mir bestimmt gefallen.«

Hubert deutet die Pose des Diskuswerfers an, wor-über Elise lächeln muss.

Er setzt sich wieder neben sie. Die unregelmäßi-gen Anschläge der Remington dringen von der Rezep-tion zu ihnen her.

»Im letzten Sommer war ich mit Henry und Mat-hilde im Zoo. Es gibt da einen weißen Bären, er heißt Pipaluk. Mehrmals am Tag sind wir zu ihm hinge-gangen. Die ganze Zeit über hat er nicht aufgehört, in seinem Becken herumzugehen, dabei jedes Mal die genau gleichen Gesten gemacht. Ich sehe ihn noch, wie er seine Tatze immer an dieselbe Stelle setzt, um die nächste Runde in Angriff zu nehmen. Die Kinder machte das traurig. Mich auch. Eines Tages wird der Beton an dieser Stelle wegen der Abnützung nachgeben. Da, wo er seine Tatze sein ganzes Bärenleben lang hingesetzt hat.«

Elise hebt eine Hand senkrecht in die Höhe, um die Bärentatze nachzumachen. Es ist eine bezaubernde Hand, mit zwei Ringen am selben Finger geschmückt.

DIE RÜCKWAND DES SCHRANKS hat nicht nachgegeben. Mathilde hat sich vorgenommen, nicht mehr daran zu denken, denkt aber trotzdem daran. Ein geschlossener Schrank ist gewiss nicht der beste Platz, um mit Streichhölzern zu spielen, aber genau das tut sie. Nachdem sie mit Weißleim ein halbes Dutzend dreieckige Minikerzenleuchter gebastelt hat, steckte sie in jeden ein Streichholz als Kerze. Das ist hübsch, aber die Flamme brennt zu kurz. Komischerweise hat diese Bastelei ihre Hände grün gemacht. Als sie genauer hinsieht, merkt sie, dass ihr Schreibbrett mit einer hauchdünnen Schicht Puder derselben Farbe bedeckt ist. Genauso die obere Wölbung ihrer Glaskugel, der Lampenschirm und Gys Kissen auf dem Telefonbuchstapel. Man muss mit einem Finger darüberfahren, um es wahrzunehmen, aber es ist wirklich da, jede horizontale Fläche bedeckt es mit einer ganz dünnen Schicht welchen Grades?, ein hundertstel Millimeter? Mathilde hält ihre Lampe dicht daran und schaut sie aufmerksam an. Als sie hochblickt, sieht sie Zeichen auf der Wand, die sie bis jetzt noch nicht bemerkt hat. Nach Augenmaß bilden die Zeichen ein Quadrat 18 mal 18. Mathilde ist mit dem absoluten Zentimeter begabt. Sie braucht kein Lineal, um zu bestätigen, was ihr Auge ihr sagt. Bei ihrem Vater hat sie diese Gabe sehr ausgekostet. »Nenn mir ein Maß zwischen null und sechzig«, bat sie ihn. Er nannte ihr eine zufällige Zahl und sofort streckte sie die Hände im exakten Maß aus. Er kontrollierte mit einem Lineal, und es stimmte immer. Dieses Mal misst sie nach, 17 auf 17. Gut, ihr Vater hat vielleicht nicht immer ganz die Wahrheit gesagt.

Sie legt eine Hand auf das neue Quadrat, es gibt nach und fällt auf ihr Brett. Es handelt sich um eine einfache hölzerne Abdeckung. Dahinter ist ein Loch so dick wie die Wand. Verblüfft langt Mathilde in das Loch und holt eine kleine mit einem Gummi zusammengehaltene Papierrolle heraus.

Mit Mühe entziffert sie: »Dieses/Versteck/ist/für/ wichtige/Kommunikation/reserviert.« Mathilde wagt es nun, gegen die Rückwand des Verstecks zu drücken.

»Henry?«

»Vorsicht! Nicht drücken!«

»Hast du das Loch gemacht?«

»Warte …«

Mathilde hört Papierrascheln auf der anderen Seite.

»Jetzt, drück.«

Mathilde drückt gegen die Rückwand und Henrys lachende Augen zeigen sich auf der anderen Seite der Wand.

»Ich habe auf meiner Seite ein Poster hingehängt, um das Loch zu verstecken. Du hast ein gutes Gedächtnis, du hast das Morsen nicht vergessen.«

»Wie hast du das gemacht?«, fragt Mathilde.

»Ein wahres Massaker. Überall lag was herum. Bohrmaschine und Säge. Ich hab sie im Museum geklaut.«

»Im Museum?«

»Ich habe im Garten geholfen.«

» – «

»Aber lieber tippe ich auf der Maschine. Hast du nicht zu viel Staub auf deiner Seite?«

»Doch.«

Aber das ist ihr egal. Sie stellt einen ihrer Minikerzenleuchter in das Loch.

»Gute Idee«, stimmt Henry zu, »dann haben wir, wenn nötig, Licht.«

✷ ✷ ✷ ✷ ✷

Freudentag im Porzellan- und Silbermuseum, Madame Pons ist endlich wieder da. Auch ihre Formen sind wieder da, stellt Hubert zufrieden fest, als er sie in der Rezeption geschäftig hin und her gehen sieht. Der Klinikaufenthalt hat keine zerstörerische Wirkung auf ihr Damengewicht gehabt. Die gute Seele, so gepflegt wie immer, lässt keinen Augenblick daran denken, dass sie den ganzen Winter über ein Rückenleiden niedergestreckt hat. Duft, Frisur, Kleidung, alles wie es sich gehört. An diesem Morgen betont eine lavendelfarbene Bluse ihren rosigen Teint. Die hautfarbenen Strümpfe – Hubert hat den Gedanken immer zurückgewiesen, es könnte sich um Strumpfhosen handeln – verleihen ihren Beinen einen hübschen matten Glanz.

Hubert macht sich wieder an die Transformation seines Büros in einen Baderaum.

Dieses Mal ist die Innenausstattung orientalisch inspiriert und schnell entworfen, so kann er Madame Pons eintreten lassen. Weit von der Vorstellung entfernt, dieser Sauberkeitsfanatikerin irgendein Gewand herunterzureißen noch daraus auch nur die geringste Befriedigung zu ziehen, denkt Hubert eher an ein sanftes Entkleiden. Er klickt jeden Strumpf mit Uhrmacherhänden aus, rollt ihn das Bein entlang, zieht ihn vom Fuß, faltet ihn erst zweimal, dann viermal, schließlich achtmal.

»Hubert, ich bin Ihr Porzellan«, haucht sie, und macht so in einem Satz ein Leben des Ungeschicks gut.

»Der junge Kinley, Monsieur, was genau ist seine Aufgabe?«

»Mm?«

Madame Pons beugt sich zu ihm und legt ihm eine Schenkungsurkunde vor.

»Der junge Kinley, Monsieur. Henry.«

»Der? Ach so! Er ist ziemlich begabt im Maschineschreiben, wussten Sie das? Wir behalten ihn in der Lehre bis zum Ende des Schuljahrs. Offensichtlich haben wir es mit einem Rebellen zu tun.«

»Er hat schließlich seinen Vater verloren«, sagt sie und richtet sich wieder auf.

»Schon, aber ich lasse mir nichts vormachen. Ich ermutige ihn sehr, das Schuljahr zu wiederholen, wenn die Krise einmal vorbei sein wird. Ich hoffe, Sie tun das auch.«

Bei Elise hingegen würde er nicht zögern, die Kleider im ganzen Badezimmer herumzuwerfen, alles auf einen unordentlichen Haufen zu werfen, was man nur herumwerfen kann, ohne jede Geschmeidigkeit und Ordnung, nur mit dem Ziel, noch mehr Unordnung zu schaffen, und, wenn alles gut geht, in einem einzigen Stück daraus aufzutauchen, verstört, lahm und fröhlich.

»Natürlich, Monsieur Vagnière.«

»Geben Sie ihm kurze Briefe zum Redigieren, seine Orthographie ist katastrophal. Er hilft auch im Garten und in den Sälen. Er ist kein Schädling. Ich hätte gern einen Kaffee.«

Madame Pons geht mit ihrer Urkunde und zeigt ihm den Rücken, dann das linke Profil.

✱ ✱ ✱ ✱ ✱

ELISE IST VOM WIND DURCHGESCHÜTTELT. Ihre Haare sind willkürlich wieder auf den Kopf zurückgefallen, was kaum etwas an ihrer normalen Frisur verändert. Mathildes Primarschule liegt relativ geschützt in einer Ausbuchtung der Rue de Berne, die Mütter drängen sich an die Schule und warten auf die Vier-Uhr-Glocke. Der Pausenhof ist von einem schlichten runden Mäuerchen umgeben, auf dem schon mehrere Generationen Fangen gespielt haben. Der Schnee, der den ganzen Morgen über gefallen war, war für den Bau von drei Schneemännern eingesammelt worden, einer von ihnen trägt eine blaue Jacke. Die Mutter des Kindes, dem die Jacke gehört, befindet sich in der bereits wartenden Gruppe. Sie kündigt an, dass der was erleben wird, wart's nur ab, geht hin und entkleidet das Werk.

Punkt vier Uhr spuckt die Schule ihre Schüler aus, zuerst die Jungen, die es eilig haben, sie hinter sich zu bringen, dann die Kleinen, die ihr ganzes Sortiment an warmen Anziehsachen hinter sich her schleifen. Ihre Mütter stürzen sich mit empörten Rufen auf sie, versperren den Eingang, um ihnen beim Anziehen der Handschuhe, Schals und Mützen zu helfen. Unter den Kindern, die es schaffen, diesen Stau zu umgehen, erkennt Elise Valérie, die einen Anden-Poncho mit passender Mütze trägt.

Sie rechnet damit, Mathilde an ihrer Seite zu sehen, das Paar gilt ja als unzertrennlich. Aber Valérie ist von zwei anderen Mädchen umgeben, zwei Äffchen mit Bommeln, zukünftige Sternchen, die die Jungs umschwärmen werden. Die Drei wollen nicht so schnell voneinander lassen. Sobald sie aus der Tür sind, bleiben sie im Dreiecksgetuschel stehen. Es ist jetzt eine Frage von Sekunden, bis sie, die Wangen von einer Begeisterung gerötet, die kaum enttäuscht werden kann, zu einer der wartenden Mütter rennen und sie vor vollendete Tatsachen stellen, sie laden sich ein zum Nachmittagskaffee.

Schweren Herzens sieht Elise, dass Mathilde allein herauskommt, ernst, ein bisschen abwesend. »Schüttle dich ein bisschen«, möchte sie spontan zu ihr sagen, dann aber hält sie sich für grausam. Auch Mathilde hat ihre Mutter gesehen.

Sie senkt den Kopf. Hätte sie lieber ihren Vater behalten? Diese Frage stellt sich Elise zum x-ten Mal. Schwierig zu sagen, wer besser tot und wer am Leben wäre.

»Guten Tag, mein Schatz.«

Mathilde reagiert mit einer Art Lächeln. Da Valéries Mutter nicht da ist, hat sich das fröhliche Grüppchen an eine andere gewendet. »Gut, aber nur bis fünf Uhr, wegen der Hausaufgaben.«

Fünf Uhr, das ist auch die Zeit, zu der viele Mütter in die Büros zum Putzen gehen.

Elise zieht Mathilde die Kapuze in die Stirn, um sie vor der Bise zu schützen. Zusammen überqueren sie die Rue des Pâquis, um zum Square du Mont-Blanc zu kommen.

»Heute Abend gibt es *La Demoiselle d'Avignon*«, sagt die Mutter zur Tochter.

»Wann?«

»Um acht Uhr dreißig.«

Zu ihr so oft wie möglich und bei jeder Gelegenheit von ihrem Vater sprechen, hat der Kinderarzt gesagt. Sobald Mathilde in ihrem Schrank sein wird, wäre es damit vorbei. Man muss sie sich genau hier schnappen, in diesem besonders günstigen Mutter-Tochter-Moment. Bald sind sie unter dem Torbogen und kommen in den Square. Andrew nannte ihn das Verlies, weil er überhaupt kein Flair hat.

»Weißt du noch, wie Papa den Platz genannt hat?«

»Mm, hm.«

Macht nichts. Die Eingangshalle des Hauses wird der ideale Ort sein, um über die zu sprechen, die im Himmel sind. Elise weiß nicht einmal, in welcher

Phase ihre Tochter in Bezug auf die Geschichten mit dem Himmel ist.

»Manchmal«, sagt sie, während sie den Briefkastenschlüssel in ihrer Tasche sucht, «manchmal stelle ich mir vor, dass Papa da oben ist und dass das Licht, das vom Dach herunterkommt, ein bisschen aus ihm gemacht ist. Du auch?«

Sie nimmt sich viel Zeit zum Leeren des Briefkastens. Mathilde hat den Kopf gehoben. Über den Himmel ziehen dicke einzelne Wolken, er bietet ein ideales Licht für ihre Fensterdekoration. Im Aufzug hat Elise sechs Stockwerke lang keine Idee. Als sie durch den Korridor gehen, sagt sie, es sei höchste Zeit, die Buntpapiere abzunehmen, ehe sich ihre saisonale Dekoration von selbst löse, und dass das hier eine Idee von Andrew gewesen sei, was im Übrigen nicht stimmte. Auch jetzt keine Reaktion. In der Küche holt sie die Butter für die Brote heraus, was ihr eine neue Gelegenheit bietet. Andrew strich die Butter direkt auf den Brotlaib, ehe er ihn unter den Arm nahm und Scheiben so dünn wie Parmaschinken davon abschnitt. Man brauchte die Scheiben nur noch auf den Teller zu legen, auf den man vorher schon die Konfitüre gestrichen hatte. Aber dieses Mal verzichtet sie lieber darauf.

»Die Butter ist zu hart. Wir machen klassische Butterbrote, ja?«

»Haben wir Erdbeerkonfitüre?«

Uff, es ist welche da.

Um sieben Uhr kam Mathilde aus ihrem Schrank und nahm ein Bad.

»Deine Nägel brauchen das Schneiden«, kündigt Elise an. »Setz dich auf das Fensterbrett.«

Sie sucht die Nagelschere im Badezimmerschrank und setzt sich neben ihre Tochter.

»Nein.«

Die Schere bleibt in der Luft.

»Wie nein?«

»Nein.«

»Aber nein wofür, Mathilde?«, regt sich Elise auf. »Willst du deine Nägel nicht schneiden, oder willst du nicht, dass ich es mache?«

Elise ertappt sich dabei, dass das Schweigen ihrer Tochter sie nervt. Sie muss sich zurückhalten, sie nicht an zwei Zipfeln ihres Bademantels zu packen und zu brüllen: »Hör auf, oder, hör jetzt auf!« Mathilde nimmt ihr die Schere aus der Hand und dreht ihr den Rücken zu, um einen Fuß auf das Brett zu stellen. Offensichtlich hat sie beschlossen, es ohne Hilfe zu tun.

»Aber was ist denn mit dem Wäschekorb los?«

Dieses Mal hat Elise keine Strategie. Der Wäschekorb schwankt immer heftiger hin und her. Schließlich fällt er um und verliert seinen Deckel. Mississippi Steamboat taucht daraus hervor, eingewickelt in schmutzige Wäsche.

Stürmisch befreit er sich davon und springt mit gesträubten Haaren auf das Fensterbrett, auf dem sie sitzen, haut aber sofort wieder ab und flüchtet sich unter das Waschbecken. Elise und Mathilde brechen in Lachen aus.

»Er schmollt«, diagnostiziert Mathilde.

»Er spielt Sphinx«, nuanciert Elise.

»Wie alt ist Steamy?«

»So alt wie du. Dein Papa hat ihn in einer Reisetasche aus London mitgebracht.«

Geht doch, sagt sich Elise.

»Ich war ein paar Monate mit dir schwanger. Er hatte nach London fahren müssen, und genau da ist Winston Churchill gestorben. Weiß du noch, wer Churchill war? Eine sehr wichtige Persönlichkeit.«

»Der König von England?«

»Nein, nicht der König. Fast. Der Premierminister. Er hat Großbritannien im Krieg gerettet. Dein Papa wollte sich die Beerdigung anschauen. Da war eine riesige Menschenmenge. Nach der Zeremonie wurde der Sarg auf ein Schiff geladen und fuhr dann zu einem letzten Lebewohl die Themse hinunter. Alle Londoner standen am Flussufer, um seinem Wegfahren zuzusehen. Das Schiff fuhr an den Docks vorbei. Die Docks, das ist der große Handelshafen von London. Dort sind riesige Kräne, die die Schiffe entladen. Und weißt du was? Sie haben alle ihre Arme gesenkt, um sein Vorbeifahren zu grüßen.«

Elises Arme zeigen, wie sich die Kräne alle gesenkt haben, um das Vorbeifahren des Sargs zu grüßen.

Mathilde schaut sie von unten her an.

»Aber ich habe nur zwei Arme, man muss sich vorstellen, dass es sehr viele Kräne waren.«

»Wie viele?«

»Zweiundzwanzig.«

Elise weiß, dass man auf eine Frage Mathildes, eine Menge betreffend, nicht vage antworten darf. Es braucht Genauigkeit, selbst wenn man irgend etwas sagt. In diesem Augenblick sind zweiundzwanzig Kräne im Kopf der Kleinen. Elise ist sich sicher.

»Ich hätte gern gehabt, dass du das siehst. Steamy war dabei am Flussufer und sah, wie das Schiff vorbeifuhr. Er war noch ein Baby. Papa hat ihn in seine Tasche gesteckt.«

»Aua!«

Mathilde hat sich in die Zehe geschnitten. Elise steht auf, um den Verbandkasten zu holen. Sie schneidet ein Stück Pflaster ab, um es um das winzige Zehenglied zu wickeln.

✱ ✱ ✱ ✱ ✱

CARMELA SCHLÄGT MIT DEN HÄNDEN gegen ihre Schürze, so dass weiße Staubwolken in die Luft aufsteigen.

»*Madama Elise,* also das geht *so* nicht mehr!«

Die Stimme widerhallt opernhaft in der Haupthalle des Museums, obwohl ihr Gesicht hinter einem Tuch versteckt ist, das hinter dem Kopf verknotet ist wie bei einem Cowboy.

»Das ist Kunst, Carmela«, erklärt Hubert.

Elise sieht enttäuscht aus.

»Ich wollte einen Kaolinberg, ich bekomme ein Berglein.«

»Ganz Ihrer Meinung, Elise, keinen Augenblick lang wird sich ein im Museum ankommender Besucher sagen: ›Sieh an, ein Kaolinberg‹, so sehr gleicht das hier einem Berglein, bzw. einem Stapel. Ich bin untröstlich«, sagt Hubert, ohne es zu sein.

Dieses Kunst-Abenteuer macht ihm gute Laune. Er hat den Eindruck, zusammen mit drei Mafiosi ihren Vorrat an Kokain in einem Versteck abzuladen, da, wo nie jemand hinkommt, also mitten im Porzellan- und Silbermuseum. Die Kaolinblöcke schleppen, zuerst die größten verteilen, die kleinsten darüber, alle Aspekte dieser absurden Baustelle amüsieren ihn in hohem Grad.

»Man muss es befeuchten«, ordnet Elise an.

»Oh! Dann wird es überall weiß.«

»Aber nein, Carmela, dann gibt es weniger Staub.«

Elise setzt sich auf die erste Treppenstufe, in jeder Hand einen Klumpen Porzellanerde.

»Also gut, ich gebe auf.«

In Wirklichkeit sah sie keineswegs so aus, als würde sie gleich aufgeben. Seit sechs Monaten gab es keinen einzigen Augenblick, an dem sie weniger so ausgesehen hätte, als wolle sie aufgeben. Sobald diese Frau ihre Einbildungskraft verwenden kann, steigert sich ihre Energie, schließt Hubert, der immer davon geträumt hatte, die Trompete in einer Blaskapelle zu spielen, sich aber nie getraut hat.

»Wir machen einen Fluss statt eines Bergs«, schlägt er nach einem Moment des Nachdenkens vor.

»Einen Fluss! *Ma!* Monsieur *Houbert!*«

Sie faltet die Hände vor sich in flehender Gebärde.

»Alle werden darin laufen!«

»Nicht unbedingt«, überlegt Elise. »Man könnte die Blöcke in gerader Linie legen. Einer Linie, die die Halle in zwei gleiche Teile teilt … Hubert, Sie sind ein Genie!«

Hubert, der sich keineswegs bewusst war, ein Genie zu sein, lächelt bescheiden hinter seinem Tuch. Wenn sie ihn verführerisch findet, vielleicht wird er es dann? Schon möglich. Sie hat bereits dermaßen Einfluss. Zum Beispiel weiß er, dass um sechs Uhr, wenn er das Museum verlassen wird, sie im Fliederbusch neben der Eingangstür stehen wird, sie wird in der durchsonnten Luft sein, in den vielfarbigen Eidechsen, die sich auf der Umfassungsmauer wärmen, im Portal, das sich immer weigert, sich elegant zu öffnen und zu schließen, das man immer ein bisschen schräg anheben muss, um es richtig zuschlagen zu können. Sie wird auch bei ihm in Helenes großem Haus sein.

»Das wird eher ein Kanal sein, wenn die Linie gerade ist, ein Kaolinkanal«, meint er präzisieren zu müssen.

»Gut, ich werde im ersten Stock putzen, ich bin nicht mehr hier, um mir das anzusehen.«

Carmela nimmt ihr Tuch ab und steigt hinauf.

»Meuterei des Personals«, diagnostiziert düster Hubert. »Ein Block Porzellanerde ist etwas Schönes, aber viele Blocks Porzellanerde machen Staub. Wir sind nur noch zwei, um das alles umzuräumen. Rufen wir den Jungen?«

Kaum gesagt, bereut er es schon.

»Ja«, antwortet Elise, »wir rufen Henry.«

Henry taucht bereits ungerufen in der Halle auf, er hält Madame Pons' Schenkungsurkunde in der Hand wie ein Ritter, der den heiligen Gral bringt.

»Ah! Henry, wir brauchen hier gerade ein bisschen Hilfe«, sagt Hubert mit Nachdruck.

Henry schaut seinen Arbeitgeber ruhig an.

»Ich gehöre zum Verwaltungspersonal, Monsieur.«

»Und ich zur Direktion, junger Mann. Wir müssen diese Kaolinstücke zu einem Kanal umschichten, an die Arbeit!«

Elises Augen lächeln ihm zu. Für einen kurzen Augenblick bleibt er an diesem Blick hängen. Vor einigen Jahren war Hubert bei einer Reiterkollegin von Helene eingeladen, die dem Museum zwei Jugendstilvasen vermachen wollte. Sie wohnte in einem dieser merkwürdigen türlosen modernen Häuser. Nichts hatte es ihn vorhersehen lassen, aber die Dame hatte ihn krampfhaft in ihre täglichen Aufgaben mit einbezogen, von der Küche zum Garten über die Waschküche und sogar zu einem Badezimmer in Form einer Muschel. Er musste seinen Beitrag leisten beim Aufräumen, Putzen, Aussortieren und bei der Neugestaltung der Dekoration. Angetrieben von ständiger Hyperventilation hatte sie sich ihm während der gemeinsamen Arbeit anvertraut. Sie hatte den Tag beendet, nur mit ihren Reitstiefeln bekleidet, und sich ihm im Garten zwischen den zwei Essigbäumen hingegeben. Weder er noch sie hatten gewusst, was mit dieser Art gegenseitiger Anziehung anschließend zu machen sei.

Zwei Stunden später sind Elise und Henry nach Hause gegangen, Carmela ist zu einer anderen Arbeitsstelle aufgebrochen und der Kaolinfluss teilt den großen Saal im Erdgeschoß genau in zwei Teile. Gut gelungen, gibt Hubert zu. Er allein ist noch da, um für die korrekte Schließung zu sorgen, er beendet seinen Rundgang mit dem Silbersaal im zweiten Stock, der am wenigsten besucht wird. Sogar diese seltene und teure Serie von Aluminiumbesteck bleibt unbeachtet. Hubert hatte sie jedoch haben wollen, er hat darum gekämpft. Plötzlich kommt er sich lächerlich vor.

Dieses tägliche Protokoll zur Vorbereitung auf die Nacht bietet auch die Gelegenheit, aus der Nähe zu sehen, bis zu welchem Grad das Museum verfällt. Die Sockelleisten lösen sich, die Tapeten wellen sich hinter den Heizkörpern, die Farbe auf den Fensterladen blättert ab. Man könnte schwören, dass manche Besucher mit Zangen und Spießen kommen und sich lieber der gründlichen Zerstörung des Museums hingeben statt seiner Betrachtung. Elise hat vorgeschlagen, im Garten ein kleines Café zu eröffnen, in der das angeschlagene Geschirr zur Geltung käme. Jeden Morgen kommt sie mit einer neuen Idee, nicht alle sind realistisch. Für den Monat Mai wird ein Keramikkurs vorbereitet. Die Damen werden Töpfe herstellen. Warum nicht? Wenn sie es schafft, ihre Ideen zu kanalisieren, könnte das Museum zu neuem Leben erwachen.

»Ich lasse euch nun schlafen bis morgen, kein Rififi«, verkündet er an die Adresse der Sammlungen. Er löscht das Licht.

Beim Verlassen des Museums bemerkt Hubert mit Freuden, dass sich Elise, wie vorhergesehen, im Fliederbusch dicht neben der Eingangstür versteckt hat, in der durchsonnten Luft, in den vielfarbigen Eidechsen, die sich auf der Umfassungsmauer wärmen und im Portal, das man immer ein bisschen schräg anheben muss, um es richtig zuschlagen zu können.

Wenn sich Mathilde in ihrem Schrank einrichtet, hat sie es nicht eilig damit, das Versteck in der Mauer jedes Mal gleich zu öffnen. Sie bremst sich. Heute gestattet sie sich es erst, wenn sie die Hausaufgaben gemacht hat, französisch, die Verben *pédaler und finir,* und Mathematik, drei Subtraktionen mit zweistelligen Zahlen, eine davon ist geringfügig schwieriger, es geht darum, eine größere Zahl von einer kleineren abzuziehen, wobei man die Zehnerkolonne benutzen muss.

Zwar ist das Loch in der Mauer unbestritten ein Bonus, aber Mathilde hat festgestellt, dass ihr Versteck nicht mehr auf die gleiche Weise klingt. Ehe Henry das Loch ausgehöhlt hatte, meinte sie im Innern eines Violoncellos zu sein. Die Schläge ihres Herzens, das Gluckern in ihrem Magen, ihr Atmen erreichten sie schwach, aber deutlich und riefen das gleiche Entzücken hervor wie die Zahlen. Ein einziges Loch in diesem gut geratenen Gehäuse, und der Klang hat seinen Zauber verloren.

Die Kommunikation zwischen Bruder und Schwester war regelmäßig. Mathilde erhielt mehrere Botschaften, die ihr Aktivitäten vorschlugen und die, das hatte sie schnell begriffen, bezweckten, sie aus ihrem Schrank herauszuholen. Auf ihre eigene Initiative hin haben sie fast zwei Wochen lang endlos Schiffe versenken gespielt. Manchmal überließ ihr Henry einen seiner rechteckigen, schnittig abgeschrägten Traubenzucker, die man im Sechserpack in der Apotheke in der

Rue Lévrier kaufen kann. Da er wusste, wie mathematikbesessen sie war, kam es vor, dass er Probleme, die zu lösen waren, hineinsteckte, zum Beispiel das mit den Gefangenen und den Türen, das schwierig war, allerdings nicht ganz so schwierig wie das Zählen der Toten, das Mathilde in den letzten Monaten sehr beschäftigte. Auf Grund vieler unfruchtbarer Versuche hat sie sich klargemacht, dass die Zahl der Unbekannten in dieser Rechnung zu groß für sie war.

Das Verb *pédaler, je pédalerai, tu pédaleras, il pédalera* [strampeln/radeln, ich werde radeln, du wirst radeln, er wird radeln] tanzt ihr vor den Augen. Sie beschließt, alle die Schlingen der Ds und der Ps auszufüllen, dann jedem A zwei kleine Ohren hinzuzufügen.

Mit den As ist sie noch nicht fertig, da, am Ende ihrer Geduld, verrückt sie nervös die Holzverkleidung. Sie ahnte es. Das Loch in der Wand ist leer. Danilo ist bei Henry. Sie hören das letzte Album der Deep Purple. Seit Henrys Geburtstag läuft die 33er-Schallplatte ununterbrochen. Das Zimmer mit der Wandmalerei genügt ihm nicht mehr. Über *Winnie the Pooh* und seine Freunde hat er Posters von Rockern geklebt, darunter eines von Frank Zappa mit seinen superschwarzen und supergelockten Haaren. Henrys und Danilos Haare sind noch nicht so lang wie die von Zappa. Danilo hat nicht mit der Schule aufgehört, aber auch er träumt von etwas anderem. Er hat schon eine Lehrstelle im kommenden Jahr in einer Mechanikerwerkstatt gefunden. Wenn er bei ihnen anruft und Henry sprechen will, aber Mathilde am Telefon ist, ist sie von seiner tiefen Stimme beeindruckt.

Sie hört ihr Gespräch nicht, aber sie errät, dass sie mit den anderen zum Rond-point-de-Rive gehen und sich dort auf ihre Mopeds setzen werden. Danilo wird Henry auf dem Gepäckträger mitnehmen. Henry hat kein Moped, aber er ist beliebt, vor allem, seit er sich weigert, der Aufforderung der obligatorischen Schule zu gehorchen. Mathilde selbst wird nirgendwo hingehen. Valérie, Paola und Maria gehen heute Nachmittag zusammen ins Schwimmbad. Gestern haben sie im Pausenhof lautstark darüber geredet, so, dass alle anderen auf dem Laufenden waren über ihr Vorhaben. Sie haben für sich Namen von Sirenen erfunden, Valérie wurde zu Woge, Paola zu Flosse und Maria ganz einfach zu Marine. Mathilde sieht überhaupt nicht, wie sie ihren Vornamen in irgendetwas mit Wasser umformen könnte. Sie hört auf, die As zu füllen und fügt an alle Ts kleine Klettergewächse. Vielleicht könnte ihr die Tatsache, dass sie einen Kater mit einem Flussnamen hat, zugutekommen?

Valéries Mutter hat gestern angerufen, um Neuigkeiten zu erfahren. Mathilde hat das kurze Gespräch gehört. Elise antwortete, dass alles in Ordnung sei. Offensichtlich hat die beste Freundin nicht darum gebeten, mit Mathilde zu sprechen, denn Elise hat gleich danach aufgelegt.

✭ ✭ ✭ ✭ ✭

DER PLATZ BOURG-DE-FOUR liegt unter dichtem Schnee,
der wohl der letzte in dieser Saison sein dürfte. Die ersten Gäste von La Clémence sind bis zu den Knöcheln
eingesunken, sie hinterlassen einen Strahl von Fußspu-
ren, der auf die Tür des Bistros zuführt. Hubert ist in
seinen Stadtschuhen auf Zehenspitzen angekommen. Es
ist acht Uhr. Nach kurzem Warten an der Bar hatte er
das Glück, einen Sitzplatz auf der Holzbank zu finden,
die das winzige Bistro umrundet. Bei großem Andrang
opfern die Gäste bereitwillig ihre Komfortzone. Das
Zusammengepferchtsein begünstigt bei Hubert auch
die morgendliche Innenschau. Der Kellner bahnt sich
mit dem kunstfertig auf drei Fingerspitzen getragenen
Tablett den Weg von der Bar zu ihm hin und stellt einen
Kaffee auf das Tischchen vor ihm. Hubert klopft auf
den Boden seiner Zigarettenschachtel, um die erste des
Tages, die wichtigste, daraus hervorzuholen, die zum
ersten Kaffee. Das Türglöckchen klingelt, es ist Elise mit
Schaffelljacke im Ziegelmuster bestickt und Mütze des
Schweizer Skiteams. Sie sieht ihn und geht zu ihm hin.

»Aha, hier trifft man Sie also am Morgen.«

»Ich tanke mich mit Animation voll, ehe ich dann
das Tick-Tack der Uhr in der Halle höre. Sie sind ganz
schön früh auf den Beinen, Elise.«

»Ich habe Henry zurückgelassen. Er tippt bereits.
Ich schlafe noch halb. Ich denke, man könnte ihn

etwas später kommen lassen, oder? Er ist in vollem Wachstum …«

»Die jungen Menschen brauchen eine Struktur, Elise. Sie auch, wenn Sie gestatten.«

Er rückt auf der Bank, um ihr Platz zu machen. Sie zwängt sich zwischen ihn und einen Herrn, der in die Lektüre des *Journal de Genève* vertieft ist. Auf dem Hocker ihnen gegenüber sitzt eine Dame im Pelzmantel. Elise kraust leicht die Nase. Er sagt ihr nicht, dass Helene drei davon besitzt, einen Nerz, einen Silberfuchs und einen Chinchilla, den er selbst ihr geschenkt hat.

»Eines Tages, Sie werden schon sehen, Hubert, werden wir im Museum so zusammengepfercht sein wie hier«, weissagt sie mit ansteckendem Lächeln.

»Ich bewundere Ihren Optimismus.«

»Heute Nacht ist mir noch eine Idee gekommen.«

Halten wir uns fest, denkt Hubert.

»Erzählen Sie, ich höre.«

»Wir machen eine Ausstellung im Garten. Mit riesigen Stücken. Um die Besucher anzuziehen.«

»Teuer, oder?«

»Wir könnten mit den Keramikern von hier zusammenarbeiten.«

Sie windet sich, um ihren Mantel auszuziehen. Darunter trägt sie einen Kilt und einen blaugrünen Unterziehpulli.

»Wie Sie sehen, Hubert, mache ich Fortschritte im Stil.«

»…«

Überhaupt keine Antwort ist manchmal das Diplomatischste.

»Was möchten Sie trinken, Elise? Ich nehme noch einen Espresso.«

»Ich auch, einen Espresso. Ich kann heute Nachmittag nicht bleiben. Ich habe einen Termin in Mathildes Schule.«

»Gibt es ein Problem? Ich möchte die Zahl der Ausbildungsplätze nicht verdoppeln …«

»Nein, alles in Ordnung, glaube ich. Die Lehrerin meint nur, sie sei etwas zu zurückhaltend. Gestern ging sie ihnen geradezu verloren. Und Ihre Jungs?«

»Ach, in ihrem Alter und von ihrer Mutter getrieben sind sie damit beschäftigt, sich eine Frau zu suchen.«

»Wie geht es ihr?«

Was sagen? Dass seine Frau in Alpagas Stall schläft? Dass er sie manchmal verdächtigt, ihn mit dem Gärtner zu betrügen? Das würde ihn aber wohl nicht von seiner besten Seite zeigen. Gleichzeitig möchte er Elise signalisieren können, dass er sich frei fühlt. Dank Nino und seinem großen Können ist der Stall immer bequemer geworden. Das Badezimmer funktioniert. Die Elektrizität, die kürzlich vom Haus aus gelegt wurde, erhellt die Box des verstorbenen Gauls. Helene hat ein Bett aus der Dänischen Boutique hineingestellt. Das Freitagabendprotokoll ist nur noch eine Erinnerung.

»Sie erholt sich auf ihre Weise«, begnügt er sich zu sagen.

Elise hatte ihre graue Strähne kokett zusammenge- dreht und mit einer Spange festgesteckt.

Hubert sitzt auf der Seite der Spange. Sie gefällt ihm.

»Ich überlege mir, ob ich Henry nicht nach Eng- land schicken soll.«

»Er ist Ihr Junge, Elise. Ein Praktikum im Porzel- lan- und Silbermuseum – fantastisch in einem Lebens- lauf.«

Er muss unbedingt damit aufhören, sie ständig beim Vornamen zu nennen.

»Mhm. Drehscheibe in der Welt der Kunst. Im Ernst, ich weiß wirklich nicht, was ihm das bringt. Jedenfalls kann ich sie nicht trennen. Ich müsste Mat- hilde auch hinschicken. Aber ich sage da Unsinn, ich habe schlecht geschlafen. Es ist nur so, wenn ich nicht bei ihnen bin, spüre ich weniger Verantwortung. Jetzt ist einer den ganzen Tag bei mir bei der Arbeit und eine ist zuhause, wenn ich heimkomme. Darf ich Ihnen eine Zigarette nehmen? Hubert, ich weiß schon, dass ich nicht sehr klar bin.«

Er kann Elises Knie sehen, von einer dicken wolle- nen Strumpfhose umhüllt. Sie wird nie Zugeständnisse an ihre Bequemlichkeit machen, im Gegensatz zu sei- ner Perle, die sogar bei Schnee hautfarbene Strumpf- hosen trägt.

»Sie haben Motten zuhause, sehen Sie Ihre Strumpf-hose an.«

Sie steckt einen Finger in das Loch genau über dem Knie.

»Ja. Aber wenn ich solche Löcher sehe, kommt es mir vor, dass das nicht einmal meine sind. Verstehen Sie, was ich meine?«

Hubert erkennt etwas in der Art von Vertrauen in dem, was sie ihm sagt. Er bedauert, es nicht zu verste-hen.

»Ich glaube schon«, sagt er vorsichtig.

Chiara klingelt bei den Kinleys, sie wappnet sich mit Geduld. Wenn die Kleine in ihrem Schrank ist, muss sie noch einmal klingeln.

Chiara weiß jetzt aus Erfahrung, wenn Mathilde in ihre Zahlen versunken ist, wird sie taub. Sie nützt die Zeit, um Elises neue Dekoration aus der Nähe zu bewundern, die den ganzen Korridor in Beschlag genommen hat, eine Wolke aus Seidenpapier hängt über allem. Die Wolke ist weiß mit einem zartrosa Bauch.

Die Tür geht auf. Mathilde hat einen Rollkragen-pulli an und ihre üblichen orangenen Cordsamthosen. Der Gummibund ihrer Strumpfhose ist über den unte-ren Rand des Pullis gezogen.

»Frierst du?«, fragt Chiara liebevoll. »Hast du gemerkt, dass Frühling ist?«

Aber die Kleine sieht nicht, was das Problem ist.

»Gehen wir ein bisschen spazieren, ja?«

»Ja.«

»Warst du in deinem Büro?«

»Ja, aber ich habe die Türen offengelassen, weil ich wusste, dass Sie klingeln werden.«

»Brava. Die Vögel werden noch ihr Nest in deinen Haaren bauen, wenn du so hinausgehst. Komm, wir bürsten sie.«

Mathilde geht Chiara ins Badezimmer voraus, dem Äquivalent zu ihrer Küche, aber heller. Sie fährt ausführlich mit der Bürste durch das dichte Haar.

»Haben Sie heute einen Auftrag?«

»Nein, keinen Auftrag donnerstags. Außer deine Knoten lösen. Du siehst aus wie ein Pony. Ein schönes Pony, aber ein bisschen wild.«

»Ich glaube, ich habe es gefunden. Das, was das Wichtigste im Leben ist.«

»Wir haben gesagt, es ist nicht die Gesundheit, es ist nicht das Leben«, erinnert sich Chiara. »Es bleibt nicht mehr viel übrig, ehrlich gesagt.«

Mathilde hebt ihr Gesicht zu ihr hoch.

»Doch, ich glaube, ich weiß es. Das Wichtigste, das ist, am Universum teilzuhaben.«

»Am Universum teilhaben?«

»Ja, am Universum teilhaben!«

Außer dem Sternenhimmel weiß Chiara nichts vom Universum, aber die Idee, einfach am Leben zu sein, um an ihm teilzuhaben, gefällt ihr.

»Da hast du eine wichtige Entdeckung gemacht. Das feiern wir. Wir werden *brutti ma buoni* genießen, die besten der Welt.«

»Was ist das, *brutti ma buoni?*

»Mandelkekse.«

»Kleben die auch nicht? Stehen sie im großen Buch der Rekorde?«

»Nein, o nein!«

Mit der Bürste erwirkt Chiara einen braunschillernden Helm. Kinleys Kater hat sich zwischen das Toilettenbecken und den Wäschekorb gesetzt. Mit Raubvogelblick fixiert er Chiara.

»Ich glaube, dein Kater fragt sich, ob ich gefährlich bin. Er sieht aus wie eine Eule.«

»Steamy ist nicht böse. Er ist nur ernst.«

»Gut, deine Haare sind jetzt in Ordnung. Wir können gehen.«

»Warte, ich hole meinen Anorak.«

Mathilde zieht den Anorak an, und Chiara zieht ihr den Pullirand über die Strumpfhose.

»Ich nehme Henrys Schal.«

»Ich glaube nicht, dass du einen Schal brauchst. Es ist schön draußen.«

Das kleine Mädchen schlingt sich den Schal ihres Bruders dreimal um den Hals.

* * * * *

Wie üblich führt der Wind nichts Gutes mit sich. Weder Mary Poppins noch Neuigkeiten von Verschwundenen, nur ein Kältegefühl und ein Pfeifen in den Ohren. Er hat auf dem Weg von der Nordsee Energie angehäuft und bestimmt einige Boote auf dem Gewissen, die er umgeworfen hat, ohne es zu merken, so wenig zimperlich ist er. Dieser Wind da interessiert sich nicht für die Wege in einem Park, nicht für die Gärten in Stadthäusern und nicht für Sackgassen. Er ist der Wind der großen Räume und der Kollateralschäden. Hier nennt er sich die Schwarze Bise. Und hier überrollt er nun die Häuser in der Rue du Mont-Blanc, um dann weiter unten das Brückengeländer zum Vibrieren zu bringen. Das kleine Mädchen, das an der Bushaltestelle Mont-Blanc wartet, ist in dem Unterstand mit zwei Seitenwänden kaum geschützt. Sie schaut dem Wind gerade ins Gesicht, als wollte sie ihm eine Frage stellen. Und auf einen Schlag sieht man, wie er seinen verrückten Lauf einstellt, eine Kehrtwende macht, damit jedermann auch weiß, dass er ihm nicht groß etwas zu sagen hat. Außer vielleicht, dass es keinen Sinn macht, die Toten vom Anbeginn der Zeit an zu zählen. Oder dass sie, wenn es ihr auch gelingen sollte, deshalb nicht mehr verstehen würde. Es wäre nur eine Zahl, eine enorme Zahl. Allein in der Wohnung in der Rue de Mont-Blanc Nr. 4 sind sie zahlreich, die Toten. Manche haben Calvin gekannt, andere sprachen Latein, wieder andere haben kurz den Neandertaler getroffen. Sie wiegen nichts, aber sie sind schwer. Manchmal muss man hinaus und spazieren gehen, hinaus und irgendetwas machen, rennen, wachsen, sich auf dem Drehkarussell bei der Fontäne im Pâquis drehen, die Adresse ändern, rote Früchte auf den Farmen im Vermont pflücken, per Autostopp durch Kanada fahren, am Broadway aussteigen.

Man soll nicht zu viel rechnen, Schatz, heb dir das für später auf, tummle dich auf einer blühenden Wiese, amüsiere dich damit, die Schwäne zu erschrecken, die mit ihren großen schwarzen Füßen bis auf die Ufermauer kommen, verkleide dich als Frau, leg Rouge auf, kauf dir eine stinkende Enthaarungscreme, frisiere dein Moped, tanze zu Earth, Wind and Fire, iss Eis mit Rahm, verliebe dich. Mir geht es gut, ich bin bei all den anderen, wir sind in der Luft. Ich will es dir nicht erklären, es ist schwierig, sogar für eine so kluge Person wie dich, die ihrem Vater nachgerät. Warte nicht zu lange, warte nicht, warte nicht auf mich, ich bin für immer fort und werde immer da sein.

Chiara wacht mit der Frage auf, wem denn dieser Körper gehört. Als Erstes fällt ihr ihr Mädchenname ein, dann ihr Traum, in dem sie an den großen Zeiger einer Uhr gebunden war. Die Uhr schlägt. Ein zu schriller Ton im Verhältnis zu dem riesigen Mechanismus. Er ertönt noch einmal. Bruchstückhaft fällt ihr ihr Leben wieder ein. Die Begegnung mit Claudio Giallo, die Arbeit bei der Dame, deren Laken sie fünfzehn Jahre lang gewechselt hat, Giacomo, dann das Mietshaus in der Rue du Mont-Blanc, die Wohnung der Kinleys, Mathildes Zimmer, der Schrank, der Stapel Telefonbücher, ihre Zuneigung zu der Kleinen. Als sie endlich begreift, dass das Klingeln von der Eingangstür kommt, steht sie hastig auf, um zu öffnen. Die Wohnung dreht sich um sie. Mathilde wäre nie im Leben so aufdringlich. Das ist bestimmt der Mann für die Fernsehgebühr, nur dass der Mann für die Fernsehgebühr nicht in der Nacht klingelt. Die Ärmel ihres Morgenmantels sind nicht an der richtigen Stelle. Während sie die Armlöcher sucht, ertönt die Klingel ein drittes Mal. Endlich findet sie die Armlöcher und die Eingangstür. Es ist Madame Touzet, die Nachbarin aus dem dritten Stock.

»Ich habe mich ausgeschlossen«, artikuliert die Dame in trügerischer Ruhe.

»Wie spät ist es?«

»Elf Uhr, Madame Giallo.«

Zunächst schaut Chiara sie an, ohne den Sinn der Worte zu begreifen. Sie muss sich anstrengen, um jedem wieder seine richtige Bedeutung auf französisch zuzuordnen.

»Ich brauche meinen Ersatzschlüssel, Madame Giallo, verstehen Sie?«

Natürlich versteht Chiara. Nur dass in ihrem Kopf Nebel herrscht und dass …

»Madame Giallo, dann nehme ich ihn mir eben selbst, entschuldigen Sie.«

Rücksichtslos geht sie an Chiara vorbei in die Wohnung hinein. Gemeinsam finden sie sich im Flur eingeklemmt.

Eine Uhr auf einem Regal zeigt an, dass Mitternacht vorbei ist, auf einer anderen ist es zehn Minuten davor.

Chiara folgt Madame Touzet in die Küche. Die Dame verliert ihren Schlüssel nicht zum ersten Mal. Sie weiß, wo das Schlüsselbrett ist. Sie durchsucht es, nimmt mehrere Schlüsselbunde herunter, inspiziert sie und hängt sie an die falsche Stelle zurück. Ihr Schlüssel hängt nicht am Haken.

»Haben Sie ihn woanders hingetan? Sie sind alle durcheinander. Also wirklich!«

Chiara sucht verzweifelt die Hakenreihen ab, vergeblich. Der Ersatzschlüssel von Madame Touzet fehlt tatsächlich. Diese fängt unverzüglich ein lautes Geschimpfe an, in dem von Durcheinander und sogar Saustall die Rede ist.

Es ist nicht das erste Mal, dass Chiara angeschrien wird. Auch Monsieur Giallo hat sie angeschrien, sie, Giacomo, die Schweizer.

Die Wutanfälle von Madame, die bestimmt neunzehnhundertsiebzig gegen die Ausländer gestimmt hat, waren hinter eisigem Schweigen verborgen, sie ließen nur indirekt all das Schlechte, das sie dachte, zu Tage treten.

Auch bei der ärztlichen Untersuchung hatte man sie angeschrien. Aber damals dachte sie, dass nur die Schweizer, die an der Grenze Dienst tun, schreien. Chiara ist jetzt alt. Die ärztlichen Untersuchungen sind nicht mehr so schroff.

»Madame Touzet, wenn Ihr Schlüssel nicht hier ist, dann haben Sie ihn«, verteidigt sie sich diplomatisch, sie ist sich ihres Ordnungssystems sicher. »Wissen Sie genau, dass Sie ihn mir das letzte Mal zurückgegeben haben ...«

Aber die Dame scheint nicht bereit, ihr zu glauben. Sie geht in die Diele, immer gefolgt von Chiara, die taumelt.

»Es wundert mich überhaupt nicht, dass Sie ihn verloren haben, man muss sich ja nur bei Ihnen umsehen. Noch nie habe ich eine solche Unordnung gesehen. Sie sollten sich schämen, so zu wohnen. Ich werde Sie bei der Hausverwaltung melden, Madame Giallo. Ich bin mir sicher, dass hier überall Schlüssel herumliegen. Man muss mir einen Schlosser rufen.«

Sie dreht sich zu Chiara um und packt sie am Kragen ihres Morgenrocks, als wollte sie die verlorenen Schlüssel daraus fallen lassen. Chiara schwankt unter dem Stoß und prallt an das Bücherregal. Ehe sie Madame Touzet vor die Füße fällt, sieht sie aus dem Augenwinkel, dass eine blaue Vase gleich herunterfliegt. Die Vase fällt ihr schräg auf die Schulter, und ihr Hüftknochen stößt mit lautem Krach auf dem Boden auf.

*****

HUBERT GEHT AUS SEINEM BÜRO hinaus, um irgendetwas zu machen. Er weiß noch nicht genau, was. Madame Pons hat vor der Schreibmaschine ihren Osterinsel-Kopf, wahrscheinlich wegen ihrer Rückenschmerzen.

Er geht an der Rezeption vorbei und landet in der großen zentralen Halle des Museums, und da sieht er sie auf der Treppe, das kleine Mädchen, mit beiden Beinen zugleich auf einer Stufe, beide Hände vor sich auf dem Geländer.

Hubert geht langsam hinzu, er ist neugierig, in welchem Moment sie diese Pose aufgeben wird. Er ist schon ganz nahe, als er merkt, dass die Augen unter einem dichten Haarschopf die von Elise sind, eine Form, bei der er an eines der Kaleidoskope denken muss, mit denen er als Kind gespielt hat.

»Mathilde?«, sagt er, stolz auf sein Gedächtnis, aber nicht wirklich erstaunt, sich gerade an den Vornamen dieses Mädchens zu erinnern.

Sie widerspricht nicht.

»Suchst du deine Mutter?«

Auch keine Reaktion.

»Du suchst jedenfalls keine Arbeit?«, fragt er und tut erschrocken.

»Niemand ist da, der auf mich aufpasst. Der Gy hatte einen Unfall.«

Elise arbeitet jetzt Vollzeit, aber Hubert hat sich nie gefragt, wie sie es schafft, sich um ihre Tochter zu kümmern. Weiß der Himmel, wer dieser Gy ist. Bestimmt einer dieser Hippies, der in Pondicherry war.

Der Mechanismus der Uhr schickt sich zu schlagen an, dann erschallen neun Schläge zielstrebig in der Marmorhalle.

»Das Museum öffnet um zehn Uhr«, stellt Hubert klar. »Ich denke, draußen wartet schon eine Menge«, fügt er hinzu, um sie aufzuheitern.

Hört sie? Spricht sie? Hubert versucht sich zu erinnern, ob Elise irgendein Handikap erwähnt hat.

»Deine Mama besorgt Töpferscheiben. Zu Mittag ist sie bestimmt zurück. Ich habe dich noch nie im Museum gesehen. Bist du zum ersten Mal hier?

»Ich war schon einmal da.«

Ah! Sie spricht! Hubert ist Pate eines kleinen Jungen, um den er sich kaum gekümmert hat, und er hat sich nie in Geduld seinen eigenen Kindern gegenüber üben können.

»Du kennst den Ort also.«

»Nur Mamas Büro.«

»Ich zeige dir dann meines. Komm mit«, schlägt er zu seiner eigenen Überraschung vor.

Sie gehen durch die Halle und erreichen die Rezeption gleichzeitig mit Madame Pons, die aus dem Untergeschoß kommt.

»Hast du Madame Pons schon kennen gelernt?«

»Nein«, antwortet diese an Stelle von Mathilde. »Ich war unten. Ich versuche, ein bisschen zu sortieren.«

»Das ist Mathilde, Madame Kinleys Tochter. Mathilde, ich stelle dir Madame Pons vor.«

»Vorsicht vor der Unordnung, die in Monsieur Vagnières Büro herrscht. So etwas sieht man nicht alle Tage.«

»Ich liebe mein Büro«, erklärt Hubert. »Hier tue ich all das, was mir zuhause verboten ist. Ich lasse die Bücher auf dem Boden liegen und sogar manche Bilder. Das vor allem erträgt Madame Pons nicht, die Kolonialisierung des Bodens. Bei ihr müssen alle Sachen unbedingt auf etwas stehen. Carmela hat sich auf meine Seite geschlagen. Nicht wahr, Madame Pons«, ruft er über die Schulter und lädt Mathilde ein, vorauszugehen.

»Sie täuschen sich, was Carmela betrifft, Monsieur Vagnière. Sie hält zu mir.«

»Henry hält zu mir! Was macht er eigentlich? Ich habe ihn noch nicht gesehen.«

»Er ist mit dem Kies hinten beschäftigt«, antwortet seine Sekretärin.

»Mathilde und ich werden nach Möglichkeiten suchen, wie ich mein System verbessern kann«, gesteht Hubert zu.

Er wirft einen Blick auf das Gesicht der Kleinen, die angesichts der Unordnung in seinem Zimmer neutral bleibt.

»Oh, wir haben Besuch.«

Eine Katze dreht Achter an der Fenstertür, die auf die Terrasse geht.

»Die Quartierskatze. Die kommt herein, ich weiß nicht wie. Bitte gehen Sie hinaus!«, befiehlt er der Katze ernst und öffnet die Tür.

»Sie siezen sie?«, fragt Mathilde.

»Ich weiß nicht, wie sie heißt.«

Die Katze will nicht hinaus.

»Ich stelle Ihnen Mathilde vor, Elises Tochter.«

Die Katze setzt sich hin. Mathilde geht in die Hocke und streckt ihr eine Hand hin.

»Sie ist sehr selbstständig. Manchmal sehe ich sie monatelang nicht.«

Sie streichelt die Katze, dabei läuft ihr eine dicke Träne über die Wange. Ach nein, sagt sich Hubert bestürzt, nicht schon wieder Tränen! Eine große Unruhe überkommt ihn. Bei seinem jüngsten Sohn musste er nur »ein großer Junge wie du weint doch nicht« sagen, und schon weinte der Kleine doppelt heftig. Er geht vor Mathilde in die Hocke und zerdrückt eine dicke Träne mit seinem Daumen.

»Hast du eine Katze?«

»Ja, Mississippi Steamboat, sie liebt die S«, sagt eine zitternde Stimme.

»Aha. Ich verstehe gut, dass sie die S liebt«, bestätigt Hubert so sanft wie möglich. »Der Name ist gut gewählt. Ich wage nicht, diese hier mit Namen zu nennen, ich habe Angst, mich zu täuschen.«

Worüber jetzt sprechen? Katzen, Schule, der Waisenstatus? Hubert fühlt sich überfordert.

»Wir spielen jetzt deinem Bruder einen Streich, ja? Du wirst den Brief an das dänische Museum diktieren. Liest du gern?«

»Zahlen?« Sie hebt zwei grüne feuchte Augen zu ihm empor.

»Nein, Buchstaben.«

Neugierig geht Mathilde ins Büro.

Hubert schreibt groß und gut leserlich auf ein Blatt Papier.

»Es handelt sich um einen einfachen Dankesbrief. Dieses Museum hat uns zwei wunderbare Silberleuchter ausgeliehen. Kannst du es lesen?«

»Ja, kann ich.«

»Perfekt«, sagt er und beendet den Brief. »Jetzt nehmen wir dich auf. Du liest ganz langsam, klar?, denn dein Bruder ist kein As im Maschinenschreiben. Ha! Der wird sich wundern!«

Mathilde schaut Hubert ernst an. Er drückt auf die Tasten *start* und *rec*. Sie diktiert den Brief in der

Art einer Volksschullehrerin, vergisst nicht, die Punkte und Kommas zu nennen. Aber schon bald beginnt die Stimme zu zittern. Hubert gibt seine Idee auf.

»Wir machen später weiter. Du hast den ganzen Tag vor dir. Komm, wir schauen lieber, was dein Bruder anstellt.«

Er nimmt sie an der Hand, und beide gehen durch die Fenstertür zum Büro hinaus. Der Junge steht vor der gestutzten Buchsbaumhecke, bedächtig zieht er den Rechen auf dem Kies des Vorplatzes vor und zurück.

»Henry«, ruft Hubert ihn, die Hände zum Trichter gefaltet, als wäre der andere taub. »Pass auf, dass du nicht einschläfst, Alterchen. Mathilde, ich kann dir sagen, dass dein Bruder kein geborener Gärtner ist.«

»Ah, da kommt ja die Ablösung«, stellt Henry fest und lächelt seine Schwester liebevoll an. »Mathilde wird Muster in den Kies zeichnen. Sie werden schon sehen, Monsieur.«

»Was soll das heißen, Muster?«

Plötzlich, drei Monate vor dem Ende des Schuljahrs, noch dazu an einem Dienstagnachmittag, mitten in der Geographiestunde, als die Schüler gerade lernen, dass die Erde um ihre Achse kippt, da wurde eine Neue in die vierte Klasse eingeführt, und zwar von einer Direktorin, die bei dieser Gelegenheit mit sanfter

Stimme sprach. Mathilde rechnet damit, dass sich der Irrtum schnell aufklärt und diese schon ziemlich große und wohlgeformte Schülerin in eine der oberen Klassen geschickt wird. Aber nichts dergleichen, der Integrationsprozess läuft weiter, als wenn niemand etwas bemerkt hätte.

Die Hände der Direktorin liegen fest auf den Schultern der Neuen, um sie von vorne ihren zukünftigen Freundinnen und Freunden vorzustellen, dann im Profil am Waschbecken. Sorgfältig, jede einzelne Silbe betonend, erklärt die Direktorin dessen regelmäßigen Gebrauch, damit man immer saubere Hände habe.

»Sagt *Guten Tag* zu Amalia, Kinder.«

Der Chor der Kinder erklingt schwach, bei den kleinen Schweizern als kaum hörbares Geflüster, die kleinen Italiener wissen noch nicht, ob Amalia eine der ihren ist, die kleinen Spanier ebenso wenig. Amalia, so allein vor der ganzen Klasse stehend – hat sie je in ihrem Leben so viele Kinder gesehen? – verdreht nervös ihre molligen Finger. Ihr Gesichtsausdruck scheint von Freude zu Schrecken zu wechseln und von Schrecken zu Freude. Anders als die anderen Mädchen interessiert Mathilde die sich bereits abzeichnende Brust Amalias überhaupt nicht. Ihr Blick ist hypnotisiert von dem Trompe-l'oeil-Motiv, das die neue Mitschülerin auf ihrem Pulli zur Schau trägt, ein Tunnel, der durch ihren Körper hindurchzugehen scheint. Mathilde muss sich bis zum Ende der Stunde gedulden, ehe sie Amalia fragen kann, wo sie diesen außergewöhnlichen Pulli aufgetrieben hat.

Die Hände der Direktorin lassen von den Schultern der Neuen ab, um sich in die Luft zu erheben, die Handflächen gegen die Decke zum Zeichen des Zusammenschlusses. Ja, Madame, stimmt Mathilde ihr in ihrem Inneren zu, alle hier in der Schule lieben sich. Man sieht ja, wie Valérie und Maria sich lieben und Maria Paola und Paola Valérie. Alle lieben sich hier, wiederholt sie und starrt auf den Pulli.

Die Direktorin schlägt Amalia vor, sich einen der zwei noch freien Plätze auszusuchen, einer davon ist der neben Mathilde. Amalia lächelt sie an, ihre Angst löst sich sofort auf. Mit der Kraft eines Lokomotivenmotors rollt das Lächeln bis ganz hinten in die Klasse und überflutet auf seinem Weg alles, bis hin zu Fred, dem Skelett, das an seiner Stange klappert. Sie hat sich noch nicht hingesetzt, als Mathilde ihr schon zuflüstert:

»Woher hast du ihn?«

»*Como?*«

»Woher kommt dein Pulli?« Sie zeigt auf den Pulli.

Amalia ahmt mit den Fingern Nadeln nach und antwortet so, dass sie selbst ihn gestrickt hat.

»Du hast den gestrickt?«, sagt Mathilde fassungslos.

»*Seguro!*«, bestätigt Amalia.

»Ruhe Mathilde«, ruft Madame Debraz.

Mathilde fühlt sich in eine andere Welt versetzt. Was man nicht alles mit Stricken machen kann! Total irre! Weit weg von der langweiligen Fläschchenhülle. Und die Quiltdecke erst? Das geometrische Potenzial, das in der Quiltdecke gesteckt hätte! Dummerweise hat sie das verpasst!

Am Ende der Stunde gehen die beiden Mädchen zusammen hinaus. Amalia hebt den Pulli über der Bluse hoch und zeigt ihr die Rückseite. Beim genauen Hinsehen macht sich Mathilde die Komplexität des Werks klar, sie sieht all die Schlaufen, die die Verengung des Tunnels im Zentrum der Perspektive möglich machen.

»Oooooh!«

Amalia erheitert das sehr. Es scheint der glücklichste Tag in ihrem Leben zu sein. Gemeinsam gehen sie zur Gruppe der wartenden Mütter. Mathildes Mutter, die sich meistens im Hintergrund hält, wartet heute neben einer spanischen Dame. Oder einer italienischen. Schwer zu sagen.

»Guten Tag, Mathilde«, sagt die Dame zu ihr, die in der Lage wäre, einen Schulstuhl unter dem Arm zu zerdrücken. »Ich bin die Mama von Amalia.«

Mathilde hatte es sich schon gedacht. Das sind die gleichen grünen Augen mit den dichten Wimpern, die gleiche Silhouette mit nach innen gekehrten Knien und den Füßen nach außen.

»Guten Tag Madame.«

»Ich heiße Carmela. Ich arbeite im *Müseum* deiner Mama. Ich mag deine Mama gern. Aber die macht immer so gern überall Staub. Und wer muss das dann

175

putzen, *Madama* Elise? Carmela, *naturlich*.« Sie schlägt sich auf die Brust, damit ihr Auditorium ihre Not auch wirklich versteht.

Mathildes Mutter lächelt über das ganze Gesicht.

»Das sind so Geschichten, Mädchen. Bloß ein bisschen Kaolinpulver.«

Amalia schaut ihre Mutter an und hebt eine Hand, um ihr über das Haar zu fahren. Eine Wolke weißen Pulvers entweicht daraus.

Carmelas Lachen hallt über den ganzen Pausenhof.

»Warst du brav an deinem ersten Schultag?«, fragt sie ihre Tochter.

»Sehr brav«, antwortet Mathilde an ihrer Stelle.

»Könntest du ihr ein wenig bei Französisch helfen?«, fragt Carmela.

»Wir fragen Chiara, ob sie etwas machen kann, ja, Mathilde?«, schlägt ihre Mutter vor.

»Ja«, sagt diese zu Amalia, »wirst sehen, die macht Hörnchen in Kapseln zum Kaffee.«

Zwar weiß niemand, was Hörnchen in Kapseln sind, noch, was sie mit Französisch zu tun haben, aber der Vorschlag wird einstimmig angenommen, und die zwei Paare trennen sich.

Elise wendet sich an Mathilde –

»Gehst du mit mir einkaufen?«

Diese zieht sie am Kleid.

»Mama«, flüstert sie eindringlich, »das ist die Tochter von Vasarely!«

»Wer?«

»Na Amalia!«

»Von Vasarely?«

»Hast du ihren Pulli gesehen?«

»Dann hat er sie aber spät bekommen. Und sie ist kein ungarischer Typ, weißt du. Hat sie das gesagt?«

»Sie hat ihn selbst gestrickt!«

»Aaaah! Sie selbst hat ihn gestrickt? Nei---n!«

»Doch! Kaufen wir Wolle?«

»Für Wolle muss man in die Placette. Wir gehen morgen. Heute gehen wir in den Lebensmittelladen am Place de la Navigation.«

Ausnahmsweise gehen Mutter und Tochter noch weiter bis ins Pâquis-Quartier. Mit Frühlingsbeginn sind die Straßen sehr belebt.

Manche Menschen sitzen einfach auf Stühlen direkt auf dem Trottoir, Wäscheleinen sind auf Balkonen und vor Fenstern gespannt, manchmal an eine Straßenlaterne gebunden.

Die Wäsche trocknet über den Köpfen der Passanten vor sich hin, obwohl man doch eigentlich immer noch in Genf ist.

»Warum möchtest du Wolle kaufen?«

»Zum Stricken!«

»Aber Mathilde, deine Handarbeitsnoten sind dramatisch. Du könntest Tunnels mit Bleistift oder mit Farben zeichnen.«

»Aber die könnte ich dann nicht anziehen.«

Sie müssen um eine Frau herumgehen, die auffällig an der Straßenecke steht, in glänzendem kurzen Rock und hohen Stiefeln. Elise schaut Mathilde an.

»Du sähst süß aus in einem Rock, echt.«

Und angesichts von Mathildes verblüffter Miene –

»Ohne Stiefel natürlich. Und nicht ganz so kurz. Und selbstverständlich mit einem Vasarely-Pulli darüber.«

»Ich werde Amalia bitten, es mir beizubringen.«

»Wir haben nicht viel Zeit«, sagt Elise, als sie das Lebensmittelgeschäft betreten. »Chiara hat mir von einem Käse erzählt, der Mozzarella heißt. Wir werden ihn probieren.«

✳ ✳ ✳ ✳ ✳

HUBERT STELLT DIE KAFFEEKANNE auf das Tablett, auf dem bereits die Tassen, der Zucker und der Milchtopf stehen. Er geht durch die Fenstertür der Küche hinaus und an Ninos Remise entlang. Neun Uhr. Normalerweise ist Helene wach, aber noch nicht aufgestanden. Hubert erinnert sich, dass es vor einigen Jahren, schwierig zu sagen, vor wie vielen, vorkam, dass sie diesen Zwischenzustand nützten, sich zu lieben. Er hat geklopft und wartet vor der Tür. Sie hat bestimmt erraten, dass er es ist.

Er hört, wie sie zögert. Endlich öffnet sich der obere Türflügel ein bisschen.

»Kaffee«, sagt er.

»Hubert?«

Die Stimme einer soeben erwachten Frau ist eine Liebkosung. Vor allem bei Frauen wie Helene, die normalerweise den Tag über laut sprechen.

»Du hast mich geweckt.«

»Nicht zu früh bei dieser schönen Sonne. Ich dachte mir, wir könnten gemeinsam Kaffee trinken.«

»Mir fehlt das Tageslicht. Man schläft gut hier. Ich könnte bis Mittag schlafen.«

Der Türflügel geht etwas weiter auf. Unfrisiert, ungeschminkt, so reizend hat er seine Frau schon seit Monaten nicht mehr gesehen.

Mit einer vagen Geste, die man auch als Resignation deuten könnte, öffnet sie endlich den unteren Türflügel und geht Hubert in ihr neues Domizil voran. Hier war einmal Platz für drei Pferde. Ein Bett in skandinavischem Stil wurde in Alpagas alter Box aufgestellt. Die Wand, die es vom zweiten Mieter getrennt hatte, war einfach einen Meter niedriger gemacht worden. Ein Frisiertisch und eine Kommode belegten die zweite Box. Die dritte war in ein Badezimmer umgebaut worden.

»Du könntest ein Fenster ausbrechen lassen.«

In Wirklichkeit begünstigt das Halbdunkel im Stall Huberts Pläne.

»Mal sehen. Da könnte dann jedermann hereinkommen.«

Das Anwesen war mit einer Alarmanlage ausgestattet, Hubert versteht, dass dieser jedermann er ist.

»Falls du gekommen bist, um ein physiologisches Männerbedürfnis zu befriedigen, kannst du das gleich vergessen.«

Auch wenn sie noch verschlafen ist, Helene ist in der Lage, ihn zu durchschauen.

»Äääääh…«

»Wir sind in einem Pferdestall, Hubert, nicht in einem Schafstall. Stell das Tablett auf den niedrigen Tisch.«

Er fragt sich kurz, ob er besser die Beine zusammenschlägt wie ein Oberkellner oder spreizt wie ein Cowboy.

»Weißt du, Helene, ehrlich, da wir schon mal da sind.«

Sie zieht einen Frisiermantel über das Nachthemd und verknotet den Gürtel mit einem doppelten Knoten.

»Was weiß ich?«

»Dass ein Mann ein *körperliches* Bedürfnis hat, Himmel nochmal.«

Er verbrüht sich beim Kaffeeeingießen leicht die Hand. Die gleiche Hand, die Elises Wade an Weihnachten gehalten hat. Vier Monate danach ist sie immer noch davon geprägt.

»Hör zu, Hubert«, fasst seine Frau zusammen, »das ist dein Problem, nicht meines.«

180

Helene ist sehr bewandert in Zusammenfassungen. Sie hebt die Arme, um ihre blonden Haare im Nacken zusammenzubinden. Seit dem Gymnasium hat sie sie immer kürzer geschnitten. Sie hat nur noch einen Pferdeschwanz, der hinten eine Kugel bildet. Er erinnert sich, dass er sie einmal auf der Straße, vom Auto aus, gesehen hatte. Sie galoppierte auf Alpaga am Rand eines Feldes. Sie bildeten ein und dasselbe Tier. Sie war überhaupt nicht ausgerüstet, keine Reitkappe, keine spezifische Kleidung. Ihre Haare waren offen. Er hatte sie nicht gleich erkannt. Hubert hat Elise nie mit zusammengebundenen Haaren gesehen, nicht einmal bei Gelegenheiten, wo es angebracht gewesen wäre, zum Beispiel an der Weihnachtsfeier für die Sponsoren. Er lässt sich auf einen Korbsessel fallen.

»Na gut, wenn das mein Problem ist, dann würde es dich nicht schockieren, wenn ich fremdginge.«

»Davon ist keine Rede. Ich bin deine Frau. Ist dir das klar? Das wäre unwürdig. Das würdest du mir also antun, wo ich gerade Alpaga verloren habe?«

Er hält sich zurück, die Monate zu zählen, die seither vergangen sind.

»Ich bin fünfzig, Helene, ich bin noch jung in gewisser Hinsicht.«

»Ich bin auch fünfzig, ich mache kein Aufhebens davon.«

»Du willst sagen, dass ich an so etwas nicht mehr denken soll? Überhaupt nicht? Schau dir deine Reiterfreundin und ihren Mann an, ich bin sicher, dass sie ...«

»Suzanne?«

»Ja, Suzanne.«

Hubert kommt sich lächerlich vor. Suzanne hatte ihn an jenem Tag mit den Vasen begehrt. An dem Tag war er leider schon ein bisschen eingerostet wegen des unveränderlichen Abkommens mit Helene und legte eine gewisse Ungeschicklichkeit an den Tag. Vor allem der Rhythmus hatte Probleme gemacht. Er war nicht schnell, als es angebracht war. Und zu schnell, als es nicht angebracht war.

»Suzanne, die mit den Vasen?«

Er wusste nicht, ob sein kleiner Seitensprung öffentlich bekannt geworden war. Als er das erste Mal im Hause von Helenes Vater eingeladen war, war es anlässlich einer Geselligkeit zum achtzehnten Geburtstag seiner Tochter. Das Haus stand der Jugend aus guter Familie weit offen, vertiefte so die Beziehungen und wertete den Tanzkurs auf. Alpaga war noch nicht geboren. Eine Gruppe von jungen Männern hatte sich im Rauchsalon des Vaters zusammengefunden. Sie sprachen von Mädchen, dabei kam es zu einer gewissen groben Klassifizierung. Helene wurde dabei gar nicht erwähnt. Keiner von ihnen wollte sich an ihrer Statur messen.

In diesem Alter, in dem Hubert noch keine Frau gekannt hatte, glaubte er, das fleischliche Vergnügen sei zwangsläufig proportional zum Volumen des Fräuleins. Er hatte sich Helene gewünscht, um von ihr verschlungen zu werden. Als sein Freund Nicolas Nadège geheiratet hatte, ein sehr hübsches junges Mädchen, hatte Hubert nicht begriffen, warum und was man mit ihr anstellen könnte, wenn man doch nicht in sie hineinpasst.

»Was soll das, die mit den Vasen?«

»Nichts«, antwortet sie.

Wenn Helene »nichts« sagt, hat es überhaupt keinen Sinn, darauf zu beharren, es sei denn, man wollte eine Konversation ohne ein Gegenüber führen. Ganz erledigt geht Hubert zum Stall hinaus, die Kaffeekanne, die zwei hübschen Tassen, die Zuckerdose und die Milchkanne lässt er zurück.

★ ★ ★ ★ ★

»Ich habe keine Idee, ich weiß überhaupt nicht, was ich machen soll …«

Elise wirft verstohlen einen Blick auf ihre Liste. Die Teilnehmerin oben am Tisch ist Madame D.

»Aber irgendeine Idee wirst du doch haben. Was weiß ich, einen Topf, eine Vase.«

Die Freundin mit Turban und Perlenkette rechts von ihr ist Madame A.

»Nein. Ich will mich an kein großes Projekt machen.«

»Dann eine Vase für eine einzige Blume? Ich weiß, was ich will. Ich mache eine dekorative Delphin-Figur.«

»Heute, meine Damen, machen Sie alle eine Schale in vorgeschriebener Größe und Form. Das Töpfern muss man von Grund auf erlernen.«

Sie zeigt ihnen eine vollkommen schlichte weiße Schale.

»Ach ja?«

Höfliche, aber enttäuschte Reaktionen.

»Drehen wir?«

Mit ihren frischgelegten grauen Locken zeigt Madame L. auf die an der Wand aufgestellten Töpferscheiben.

»Nein, niemand dreht. Nicht dieses Mal, nicht die nächsten Male. Vielleicht in einem Jahr, wenn Sie mit den Grundlagen vertraut sind. Und wenn Sie gut arbeiten.«

Die Gesichter der Damen werden lang. Elise stellt sich vor, dass ihr Ärger in die Füße sinkt und sich in den Boden verlagert. Aber dieser Trick funktioniert nicht immer. Sie muss aufpassen und immer daran denken, dass diese Damen alle Bekannte von Komiteemitgliedern sind, außer Madame A., die direkt dazu gehört. Hubert hat gut gearbeitet. Sie sind zu acht, eine ideale Zahl, um einen guten gegenseitigen Anreiz zu schaffen und eine Zahl, die ihr gleichzeitig erlaubt, alle im Auge zu haben. Um sie in dem Kurs zu behalten, wird Elise für Übereinstimmung sorgen müssen, ohne sie zu sehr zu plagen.

»Heute morgen machen Sie alle eine solche Schale«, bestätigt sie.

»Die Quintessenz aller Keramik«, bekräftigt Madame A.

»Drehen wir sie?«, fragt Madame L. noch einmal.

»Nein. Niemand dreht. Sie modellieren sie in der Wulsttechnik.«

Die klösterliche Atmosphäre, die im Untergeschoß herrscht, ist vielleicht ein bisschen zu nüchtern, als dass man wirklich Lust bekommt. Wegen des diffusen Lichts durch die Kellerfenster fand Elise den Raum jedoch ideal für einen Töpferkurs. Es gibt bereits ein Waschbecken, das wahrscheinlich ab und zu vom Gärtner benutzt wurde, als in diesem Stadthaus noch eine Familie wohnte. Elise hat einen Ofen installieren lassen, zwei Wannen und große Regale für das Material, die Töpfe mit Engoben, das Pulver für die Glasuren, Arbeitsgeräte und Schülerarbeiten. Vorerst stehen nur Werke von Mathilde, Henry und Hubert auf den Regalen. Alle drei waren am letzten Wochenende abkommandiert worden, um die Werkstatt zu testen. Mathilde hat ein quadratisches Becken gemacht, auf seinen Rand hat sie einen kleinen Haartrockner gesetzt, ebenfalls aus Ton modelliert, völlig geheimnisvoll, was die Interpretation betrifft. Henry hat sich für eine Entenskulptur entschieden und Hubert sich ehrgeizig an die Herstellung einer Vase gemacht, die in jeder Hinsicht einer Graburne ähnelt. Der Raum ist noch zu leer und hallt unangenehm.

»Gehen wir dann mit einer einfachen weißen Schale nach Hause?«

»Nein, Sie nehmen Ihre Stücke nicht mit nach Hause, sie bleiben hier. Ich möchte nicht, dass Sie mit schiefen Sachen heimkommen. Sie sind zum Lernen hier, nicht um Ihre Versuche Ihrem Mann und Ihren Kindern zu zeigen, die dann nicht wissen, was sie sagen sollen. Aber, da Sie genügend zahlreich sind, werde ich sie in der Eingangshalle des Museums ausstellen. Sie alle zusammen anzusehen, wird interessant sein, man wird schnell die großen Unterschiede zwischen Ihren Schalen sehen. Sie werden staunen.«

Nach dieser deutlichen Rede nehmen die Kursteilnehmerinnen Schülerhaltung ein. Bestimmt ein gutes Zeichen.

»Das Wichtigste bei der Keramik ist die gründliche Vorbereitung des Tons.«

Sie holt einen Klumpen Ton aus der Plastikhülle und schneidet ihn in gleiche Scheiben, die sie an die Teilnehmerinnen verteilt.

»Man muss darauf achten, die ganze Luft, die noch im Ton ist, auszutreiben. Sonst wird Ihre Schale zerbrechlich.«

Sie hebt die Arme über den Kopf und wirft den Tonklumpen mit aller ihr zur Verfügung stehenden Kraft auf den Boden.

»Und peng. Schmeißen Sie ihn mit dem ganzen Körper. Hopp, danach heben Sie ihn auf und richten die Kante, die Sie bekommen haben, peng, noch einmal gegen den Boden, die Füße fest auf den Boden gestemmt.«

Als Andrew seine Werkstatt eröffnet hatte, arbeitete Elise in der Bar auf dem Quai, der Navigation. Von der Terrasse aus konnte sie die Werkstatt rechts von sich sehen, zwischen den Booten auf Trockendeck. Nach ihrer Arbeit half sie ihm.

Man musste mit schweren Lasten umgehen, sie rollen, falten, ausbreiten. Sie hatte schon immer kräftige Arme.

»Madame F., passen Sie auf Ihr Kleid auf. Ich empfehle Ihnen, eine Schürze anzuziehen.«

»Die sind alle hässlich«, signalisiert ihr Madame F.

Elise hat mehrere Schürzen aus Andrews Werkstatt geholt. Sie sind in der Tat hässlich. Aber Andrew war in einer hässlichen Schürze noch schöner.

»Mein Mann ist Arzt, ich habe einen seiner weißen Kittel genommen.«

Ihre Liste war im Moment außer Reichweite, sie wusste nicht, wie die Dame mit dem Arzt als Ehemann hieß.

»Fester. Man muss die Arme weit hochheben, sonst haben Sie nicht genug Kraft. Legen Sie Ihre Jacke ab.«

»Zieh dein Chanel aus, Schätzchen.«

Die Dame gehorcht.

»Los geht's. Klatschen Sie den Klumpen auf den Boden.«

Alle machen sich mit unterschiedlich großer Begeisterung dran.

»Ah«, macht eine der Damen leidenschaftlich.

Unter dem mehr oder weniger starken Schlag verformt sich ihr Klumpen kaum.

»Perfekt. Noch fester«, ermutigt sie Elise.

»Stell dir vor, du willst jemanden umbringen, Françoise. Denk vielleicht an Mercedes.«

Die Dame wirft ihr Geschoss mit neuem Schwung.

»Siehst du, sofort geht es besser«, sagt ihre Freundin.

»Wer ist diese Mercedes?«, möchte Elise wissen, hofft aber, dass sich das, was sie vermutet, nicht bestätigt.

»Ihre Hausgehilfin«, antwortet die Freundin.

»Ihr stellt Euch ja nicht vor, was die mir für Ärger macht. Ich dachte, sie habe keine Kinder. Naiv, wie ich war!«

Eine Zeitlang nährt sich das Klumpenwerfen von den Erzählungen der einen und der anderen.

»Ich will niemanden umbringen«, behauptet plötzlich eine Teilnehmerin.

»Haben Sie keine Haushaltshilfe?«, erkundigt sich Madame D.

»Doch. Sie ist sehr gut. Sie kommt aus Irland.«

»Ja dann, das ist nicht das Gleiche.«

»Sie macht sehr gute Muffins. Kennen Sie Muffins? Oh, ich kann nicht mehr! Ich dachte nicht, dass die Töpferkunst so körperlich sein kann!«

»Die Kraft muss von hier kommen.«

Elise klopft sich auf ihren Bauch.

»Aber das ist ja ein Karatekurs, meine Güte!«, bemerkt Madame L. mit schwitzendem Gesicht.

Fröhlich stellen sich alle um den Tisch und stoßen Seufzer der Erleichterung aus. Die rosigen Wangen und die entspannten Gesichter sind das Zeichen, dass die Träume von künstlerischer Größe, die Frustration und die Tagesaggression erfolgreich in den Kellerboden verlagert worden sind.

»Wenn Ihr Ton bereit ist, können Sie mit dem Wulstedrehen anfangen.«

Mathilde hat zum ersten Mal in ihrem Leben einen Rock angezogen. Der Wind steigt ihr an den Beinen entlang hoch und bauscht den Stoff auf, ein Problem, das es bei Hosen nicht gibt. Der Rock wurde ihr von ihrer Mutter für den Spitalbesuch eingeredet. Mathilde hat sich nicht lange geziert, darauf einzugehen, sie rechnete damit, dass der Gy herzlich lachen würde und sie keine ihrer Schulfreundinnen so sehen wird. Aber im Gegenteil, der Gy war entzückt, er fand sie *par-fe-ta-men-te a-do-ra-bi-le*. Da sieht man, wenn man seine Waden zeigt, kann das bei den Leuten echt komische Reaktionen hervorrufen.

Beim Überqueren der Bergues-Brücke muss Mathilde, wenn sie den Passanten nicht ihre Unterhose zeigen will, beim Gehen beide Hände flach an die Oberschenkel drücken, dabei rafft sie die Falten mit jeder Hand zusammen, damit sich der Rock nicht auch hinten in die Höhe hebt. Henry, der neben ihr geht, scheint das alles sehr unterhaltsam zu finden. Auf der Höhe der Rousseau-Insel lehnt er sich an das Geländer und beobachtet die Vögel in ihrem Minischutzgebiet zwischen Brücke und Insel. Mathilde nützt es dafür, ihren Rock an die Metallstangen zu drücken. An diesem Frühlingstag ist die kleine Bucht voller durchreisender Gäste, denen jede Disziplin fehlt. Die Stammgäste bewegen sich mit großer Energie zwischen dem Strand und den schwimmenden Nestern, die sie aus Pflanzenresten bauen.

Das Treiben, das in Gys Krankenzimmer herrschte, das ja eigentlich der Ruhe der Kranken dienen sollte, war in jeder Beziehung so wie das hier in der kleinen Vogelbucht. Der Verkehr im Achtbettzimmer hatte während der ganzen Dauer ihres Besuches nicht nachgelassen. Der Gy ist gut aufgehoben. Mathilde ist beruhigt, aber trotzdem tut sie sich schwer mit dem, was möglicherweise kommen wird. Zuerst der Gy jahrelang krank, dann der Gy total zerbrochen. Sie findet, dass das zu viel ist.

»Die hier hat man noch nie gesehen«, sagt Henry und zeigt auf zwei riesige braune Gänse mit orangem Schnabel.

»Wir haben eine Neue in der Klasse. Sie ist die Tochter von Carmela. Du weißt schon, die vom Museum. Sie ist nett, sie hat einen Tunnel-Pulli, und ich habe meinen Traubenzucker mit ihr geteilt.«

»Ich wusste nicht, dass sie eine Tochter hat«, wundert sich Henry, »jedenfalls hat sie zwei ältere Jungen.«

»Carmela arbeitet doch schon seit Jahren im Museum. Das ist komisch. Ich verstehe nicht, warum Amalia erst jetzt in die Schule kommt.«

»Vielleicht war sie in der Wohnung geblieben, wie Danilo.«

»In der Wohnung – jahrelang? Ohne in die Schule zu gehen, meinst du?«

Mathilde hält das für zu unglaublich, um es zu glauben.

»Es ist eine Frage der Aufenthaltserlaubnis, glaube ich.«

Mit gewölbter Brust schwingt sich eine Dreiergruppe Wasserhühner in die Luft Richtung Marseille. Mathilde versucht zu verstehen, und sei es auch nur ein Minimum von dem, was sie gehört hat. Unmöglich, sich ihr eigenes Leben ohne Schule vorzustellen.

»Ganz allein in der Wohnung?«

Mathilde schaut auf die große Hand ihres Bruders, die neben der ihren auf dem Metallgeländer liegt. Zum ersten Mal sieht sie, dass der Daumennagel abgekaut ist. Sie blickt zu ihrem Bruder hoch, der sich gerade über die andere Hand machen will, während er den auf seinem Stuhl sitzenden Jean-Jacques Rousseau betrachtet.

»Denkst du, dass wir Eeyore einmal wiederfinden?«, fragt er, ohne sich zu ihr umzudrehen.

Nichts, überhaupt nichts, außer vielleicht der graue Himmel, deutete auf diese Frage Henrys hin. Jedes Mal, wenn Mathilde daran denkt, weiß sie nicht, was schlimmer ist, ihn sich allein vorzustellen oder ihn sich in der Dunkelheit vorzustellen. Eeyore, der nichts Böses getan hat und der für dieses Nichts in ein sechs Stockwerke tiefes Loch sich geworfen fand. Sie hat sich oft gefragt, wie die Zeit für Tiere vergeht, für Katzen, für Eeyore. Sie antwortet nicht, starrt, ohne ihn zu sehen, auf einen Vogel mit Kamm, der einen Binsenhalm zu seinem schwimmenden Nest transportiert.

»Du wärst nicht bereit, mir etwas zu sagen, hm?«, beharrt Henry.

Mathilde legt eine Hand an ihr Kinn, um es am Zittern zu hindern.

»Ich habe ihn in das Loch hinuntergeworfen.«

»Welches Loch?«

»Im Badezimmer.«

»In den Schacht? Aber warum hast du das gemacht?«

Mathilde antwortet nicht. Unfähig, sich daran zu erinnern, warum sie das getan hat, aber fähig, sich zu erinnern, dass Eeyore nichts getan hatte, nichts, das eine solche Behandlung verdient hätte.

»Ich habe ihn überall gesucht, aber da nicht«, gesteht Henry. »Er muss im Erdgeschoß oder im Keller sein«, überlegt er ganz sachlich.

Mathilde schaut ihn überrascht an. Sie hatte an ihr Problem nie in architektonischen Begriffen gedacht. Eine Ente taucht plötzlich aus dem Wasser auf und paddelt zum Strand, ihr Federkleid ist schon trocken.

»Ich habe auch Sachen hineingeworfen«, sagt Henry nachlässig.

»Wirklich? In das Loch?«

»Hm, hm.«

»Was?«

»Eine Schachtel Zigaretten und ein Feuerzeug.«

★ ★ ★ ★ ★

ELISE SCHAUT MATHILDE NACH, wie sie durch den Korridor geht und auf der Treppe verschwindet. Die Ankunft der schönen Tage läutet die Verbannung des Cordsamts oben in den Schrank ein. In diesem Jahr ging das nicht ohne Probleme. Mathilde meint, dass nichts wirklich ihre zwei Paar orangenen Cordsamthosen ersetzt, und schon gar nicht ein Rock. Misstrauisch hat sie die Leinenhose akzeptiert, die Elise für sie auf dem Markt gefunden hat, und sie trägt sie, als sei sie in Bronze gegossen. Woher hat sie diese strenge Beziehung zur Kleidung? Von mir nicht, sagt sich Elise und schließt die Tür zum Korridor.

Sie geht wieder ins Bett. Sie weiß, dass im Liegen die Schwerkraft ihre Wangen auf die richtige Weise fallen lässt. Schade, dass sich niemand mehr im Bett an diesen provisorisch wieder jugendlich gewordenen Zügen erfreuen kann. Die Männer sind alle draußen, auf Bahnhöfen, Flughäfen, in Bars. Oder in Museen. Auf Andrews Platz hat sie die drei Schubladen ihres Nachttischchens gestellt in der Absicht, ihren Inhalt zu sortieren. Sie müsste die Kleidung innen zusammendrücken oder die Schubladen mit ihrem unnützen Übergewicht einfach gähnend offenlassen. Sie schläft jetzt schon seit Wochen damit und meint, mehr oder weniger verstanden zu haben, weshalb.

»Mama, ich gehe!«

»Komm rein!«

Ihr Sohn sieht sie im Bett mit den Schubladen.

»Ich fahre heute mit Hubert nach Bern«, sagt sie. »Es geht um ein Treffen wegen einer Schenkung.«

»Ja, weiß ich. Wann kommst du wieder?«

»Am Nachmittag. Du musst heute mit Madame Pons die Besuchermenge kanalisieren.«

Henry verlässt die Wohnung, um unter die schützenden Flügel Madame Pons' zu kommen. Die Perle hat für ihn einen offiziellen staatlichen Ausbildungsplatz für den September gefunden. Elise steht auf und zieht sich das Nachthemd über den Kopf, dann medi-

tiert sie vor dem offenen Kleiderschrank. Die Büsten-
halterfrage stellt sich heute nicht. Für dieses höchst
wichtige strategische Treffen müssen die Brüste Halt
haben. Man kann nicht in die Hauptstadt fahren mit
Brüsten, die ins Leere hängen. Sie wendet sich zum
Bett um und wühlt in einer Schublade, aus der sie
das am wenigsten zerschlissene Modell herauszieht.
Mit Gesten wie bei der Fahnenzeremonie zieht sie
den Büstenhalter an und hakt ihn im Rücken zu. Das
Klingeln des Telefons erlaubt ihr, die nächste Etappe
auf später zu verschieben. Sie geht in die Diele und
nimmt ab.

»Elise?«

»Guten Tag, Hubert.«

Die Telefonkordel war mehrmals um sich selbst
verschlungen. Von Henry, wenn er mit Danilo disku-
tiert. Immer sie muss es entwirren.

»Sind Sie angezogen?«

Elise setzt sich auf den Hocker neben dem Telefon
und überdenkt ihre Nacktheit, die durch den Büstenhalter noch hervorgehoben wird.

»Ja«, bestätigt sie.

»Wie sind Sie angezogen?«

Der arme Hubert macht sich schon Sorgen.

»Ich habe ein Batikkleidchen gefunden, über das
ich …«

»Aber Elise, ich bitte Sie! Wir fahren nach Bern,
nicht nach Woodstock!«

Sie ahnt, wie er am anderen Ende der Leitung gestikuliert, in seiner Villa, vor dem Hintergrund von geschnitzter lachsrosa- oder eierschalenweiß angemalter Holztäfelung.

»Ich wollte Sie testen, Hubert. In Wirklichkeit habe ich mir ein langes grünes Samtkleid ausgesucht mit einer Schleppe, die ich zu gegebener Zeit aus dem Fenster werfen werde, damit Sie daran heraufklettern können.«

Gleichzeitig spielt sie mit der Idee, den Korridor mit barockem Dekor zu schmücken.

»Elise, haben Sie nicht zufällig in Ihrer Garderobe etwas ein wenig Strukturierteres?«

Sie mag seine nervöse Art, »strukturiert« zu sagen, als wenn die Zukunft des Planeten davon abhinge.

»Sie sollten in die gleichen Geschäfte gehen wie Madame Pons«, fährt er fort. »Wissen Sie wenigstens, wo sie sich ausstattet?«

»Ja, Hubert, ich weiß, wo sie sich einkleidet, aber sie kauft neue Kleider, müssen Sie wissen.«

Am anderen Ende der Leitung entgeht Hubert mit knapper Not einem Schlaganfall. Elise amüsiert sich sehr. Sie rollt die Telefonschnur um ihren Schenkel, um den Strapseffekt zu testen.

»Elise?«

»Hm?«

»Ich erwarte Sie in einer halben Stunde unten.«

»Im Square also. In der Rue du Mont-Blanc können Sie nicht anhalten.«

Ein wenig überrascht, sich enttäuscht zu fühlen, dass er nicht daran gedacht hat heraufzukommen, legt sie den Hörer auf.

✶ ✶ ✶ ✶ ✶

Wenn Eeyore wie eine Batterie funktioniert, die Energie speichert und dann abgibt, dann steht fest, dass er unten im Schacht ohne das kleine Mädchen, mit dem er seit so vielen Jahren verbunden ist, Verluste erlitten hat. Zwangsläufig hat sich die Liebe, die in ihm gespeichert war, nach und nach entladen. Seit September hat sich der Esel nicht mehr bewegt. Er liegt immer noch auf seiner linken Seite, zum Teil in seine momentane Matratze eingesunken, diese Anhäufung von altem Material, diese Mischung allermöglicher Atome, manche haben einmal den Dinosauriern gehört, die auf diesem Teil der Pangaea geherrscht haben, andere einfach Rousseau, dessen Statue die gleichnamige Insel ziert. Wenn Eeyore auch in diesen sieben Monaten relativ statisch war, so hat sich das Leben um ihn mit Höchstgeschwindigkeit entwickelt. Ein Beobachter mit einem Mikroskop würde feststellen, dass mehrere neue Mikrobenarten inzwischen für immer ihren Ursprungs-ast verlassen und sich jede für sich mit einer anderen DNA ausgestattet hat. Das ist dann diese paradoxe Stille, die gleich eine zweite große Störung unterbre-chen wird. Während die erste mit dem Fall eines Meteoriten auf die Erde vergleichbar war, so entspricht die zweite genau dem Gegenteil, der Meteorit reißt sich aus seinem Krater los und steigt gen Himmel. Genau in diesem Moment spürt Eeyores Hinterteil eine kräftige Saugwirkung, die ihn plötzlich aus seinem Staubbett hochhebt. Die Mikroorganismen, die nicht gut an den grauen Baumwollfasern festgezurrt waren, fallen als Regen zurück. Eeyore kommt durch den Rahmen eines Türchens, ohne wirklich zu merken, dass es sich nicht um dasselbe handelt, durch welches er hinabgeworfen worden war. Das Geräusch hört auf, und Eeyore findet sich auf einen Schlag befreit und von bekannten Händen in Empfang genommen, den Händen Henrys, der ihn hin und her schüttelt. Wenn Eeyore sehen könnte, wäre er von dem intensiven Licht geblendet, das ihn nach all den Monaten in der Dunkelheit nun umgibt. Wenn er hören könnte, würde er hören:

»Salut, Eeyore! Ja, das ist er! Ein bisschen schmutzig, aber das ist er. Außer dem Schwanz. Genial, danke!«

»Komisch, ich habe nie an diesen Schacht als Versteck gedacht. Ich könnte hier meine besten Stücke verstecken, statt ein Vermögen an Versicherung zu bezahlen«, antwortet eine andere Stimme, die er nicht als die des Numismatikers mit dem rätselhaften Firmenschild im Erdgeschoß erkannt hat.

»Ich glaube, es ist besser, wenn Sie mit mir hinaufgehen, Monsieur, sie wird sich freuen, dass Sie es sind. Ich nehme den Staubsauger.«

Eeyore kommt von Henrys Händen in unbekannte Hände. Wenn er sehen könnte, würde er erkennen, dass er an diesen Händen in der Eingangshalle des Hauses schon vorbeigekommen ist, denn sie haben den Hut des Numismatikers gelüftet, um das kleine Fräulein zu grüßen, sowie auch den Esel, den sie auf dem Rücken trug. Eeyore wird von den Händen des Numismatikers mitgenommen. Er steigt im Aufzug die sechs Etagen wieder hinauf, die er vor sieben Monaten so schnell hinabgekommen war. Wenn er sehen könnte, sähe er das diffuse Licht dieses späten Nachmittags, in das der Korridor getaucht ist. Der Korridor, den er gut kennt, durch den er oft in Mathildes Rucksack gekommen war. Wenn er hören könnte, würde er den Laut der Klingel hören, »Mathilde, ich bin's!«, und das Geräusch der sich öffnenden Eingangstür. Wenn er sehen könnte, sähe er, wie Mathildes Augen hell werden, die ihn sofort aus den Händen des Numismatikers genommen hat. Und jetzt ist es uns wurscht, dass er nicht hören und nicht sehen kann, denn er ist wieder in ihren Händen.

Hubert macht die Tür weit auf, um an etwas anderes zu denken. Die Glyzinie vor der Tür blüht in einem Delirium von lila Dolden. Madame Pons kommt über die Schwelle seines Büros, mit leeren Händen. Keine Schenkungsurkunde in Sicht. Sie sagt:

»Monsieur Vagnière?«

»Ja, Madame Pons?« Ihre Haare sind heute nicht zusammengebunden, nur von den Ohrmuscheln zurückgehalten.

»Ich möchte Ihnen etwas sagen. Ich möchte es Ihnen mündlich sagen, ehe ich Ihnen meine Kündigung einreiche.«

Hubert steht sprachlos mitten in seinem Büro. Seine Arme heben sich von ganz allein in die Höhe, als wollten sie das Kreuz schlagen. Auf halbem Weg entschließt er sich, mit ihnen zu zeigen, wie gut sein Büro aufgeräumt ist.

»Aber ich habe doch gerade Ordnung geschaffen, Marianne! Sehen Sie doch, keine Schachtel, kein Umschlag, alles ist an seinem Platz!«

Zum ersten Mal traut er sich, sie bei ihrem Vornamen zu nennen.

»Es ist nicht wegen Ihnen, Monsieur Vagnière. Der junge Henry hat mich zum Nachdenken gebracht. Ich möchte den Beruf wechseln, eine Ausbildung machen.«

»Sie haben Wunder an Henry vollbracht«, gesteht er zu. »Seit Sie ihn unter Ihre Fittiche genommen haben, habe ich Seiten an Ihnen entdeckt, die ich vorher nicht gekannt habe. Das stimmt. Aber Madame Kinley kann Sie nicht ersetzen, und das Komitee wird es sicherlich dazu nutzen, mir eine Stelle zu streichen.«

Sie zögert.

Unglaubliche Marianne, sie kann bewegungslos stehen bleiben, ohne etwas in den Händen zu haben und ohne die Hilfe einer Hosentasche.

»Ich mag Henry sehr«, sagt sie sanft. »Aber ich könnte nicht mehr mit seiner Mutter arbeiten.«

»Was werfen Sie Madame Kinley vor? Außer ihrer Garderobe natürlich?«

»Ich verurteile aufs Schärfste ihre Art, wie sie der Trauer um ihren Mann aus dem Weg geht. Für mich handelt es sich um einen Mangel an Mut.«

»Aber sie beweint ihn! Ich habe es mit eigenen Augen gesehen!«

Sie lässt langsam ihren Zeigefinger über eine Wange gleiten.

»Ein paar Tränen. Und dann sich schnell an den Nächsten klammern. Das ist kein Meisterstück, wenn Sie mir meine persönliche Meinung gestatten.«

Hubert setzt sich auf die Tischecke. Im Kopf spult er den Film der letzten Monate ab und überprüft dabei jedes Wort, jede Geste von Elise in diesem neuen Licht. Sollte sie versucht haben, den Abgrund zu vermeiden, indem sie sich an die Bergflanke klammert, und die Flanke ist er, der erstbeste Mann? Da er ganz und gar mit dieser Wade in seiner Hand beschäftigt war, hat er kein einziges Mal in dieser ganzen Periode der Kumulation zwischen ihm und ihr auf rationelle Weise nachgedacht.

»Wissen Sie, die Angst vor dem Alleinsein ist groß bei den Frauen. Sogar bei den originellsten«, erklärt ihm Madame Pons.

Nein. Das wusste Hubert nicht. Wie sollte er …

»Aber … Ich bin verheiratet.«

Sie wischt dieses Argument mit dem Hochziehen ihrer Brauen weg.

»Allein mit sich selbst, nicht allein in einer Wohnung, Monsieur Vagnière.«

Alter Trottel, sagt er sich. Wie hast du nur einen Augenblick daran glauben können? Armer alter Trottel. Du hättest nur kapieren müssen, dass eine Elise mit siebzehn dir nicht den kleinsten Liebesbrief geschrieben hätte, dass sie dir mit fünfundzwanzig nie nach Paris gefolgt wäre, in diese hässliche Dienstbotenkammer in der Rue de la Grenette, zu keiner Zeit hätte sie sich im Verlangen nach dir aufgezehrt, nicht damals, nicht heute. Hubert weiß, dass er bei keiner Frau je das Objekt leidenschaftlicher Gefühle war. Bei keiner Einzigen, nicht in Genf, nicht in der Schweiz, nicht auf den fünf Kontinenten, nicht sonstwo im Universum. Nicht einmal seine Mutter hegte leidenschaftliche Gefühle ihm gegenüber. Die französische Kinderfrau auch nicht. Diese Reiterinnenfreundin liebte vor allem eines an ihm, nämlich dass er Helenes Mann war.

Die Quartierskatze nützt den Moment und kommt, sich die Seiten am Türrahmen reibend, herein. Sie sagt etwas Unverständliches, dann setzt sie sich in die Mitte zwischen ihr und ihm. Hubert beugt sich nieder und reicht ihr seine Hand, um ihr sein Unbehagen mitzuteilen. Die Katze akzeptiert das Streicheln.

»Ich gehe auch, Marianne. Entweder nach Bern, oder ich gründe irgendwo irgendein Museum.«

Hubert erkennt im gleichen Augenblick wie sie, was er da gesagt hat. Sprachlos schauen sie sich einen Moment lang an.

»Sie meinen es fast ernst, nicht wahr?«, sagt sie und betrachtet ihn aufmerksam.

»Du hast noch nie so viele Türen gesehen, wette ich.«

Eeyore, dessen Kopf aus Mathildes Rucksack schaut, sagt nichts dazu. Vor zehn Tagen war Mathilde zum ersten Mal hier, auch sie hatte noch nie so viele gesehen. Das riesige Spitalgebäude kommt ihr heute nicht so furchterregend vor. Das liegt vielleicht an Eeyores Anwesenheit. Mathilde zählt gewissenhaft die Türen und multipliziert das Ergebnis mit der Zahl der Stockwerke. Das Resultat ist nicht das gleiche wie vor einer Woche, verflixt.

Zimmer 518 ist ganz am Ende, ein Achtbettzimmer, vier Hüften, ein Oberschenkelhalsbruch und drei Bandscheiben, alles Knochen. In Gys Bett liegt eine frischoperierte Frau. Der Schrecken, der Mathilde durchfährt, dauert nur einen Augenblick. Der Gy wurde ganz einfach ans Fenster umgestellt.

»Sie haben mich ans Fenster gebracht, weil ich den Durchgang blockierte«, sagt der Gy mit angedeutet beleidigtem Schmollmund. »Also wirklich, ich finde, dass ich überhaupt nichts blockiere.«

»Na ... immerhin«, sagt Mathilde und versucht, sich irgendwie auf den Bettrand zu setzen.

»Das bedeutet nur, dass du mit einem ganz schönen Teil deiner Wohnungseinrichtung umgezogen bist, *mamma*«, sagt Giacomo von seinem Platz auf dem Radiator aus.

»Fehlt nur noch ein Teppich«, lässt Henry verlauten.

»Es ist alles sehr reglementiert hier.«

Henry beugt sich über sie und küsst sie auf die Wange.

»Wir haben ein Geschenk für Sie. Mama hat im Museum einen Töpferkurs organisiert. Ich habe eine Tasse für Sie gemacht. Sie ist sehr klein, so können Sie sie auch als Eierbecher benutzen.«

»Das passt dann für einen echten italienischen Ristretto! Danke, mein Junge.«

»Mathilde hat den Löffel gemacht.«

»Oh!«

Der Löffel ist fast genauso breit wie die Tasse innen. Aber das stört den Gy überhaupt nicht, der sich völlig klar darüber ist, dass das Herstellen eines Löffels aus Ton fast schon ein Kunstwerk ist.

»Ich halte euch für sehr begabt. Schauen Sie, Fabienne, wie wunderbar meine kleine Nachbarin und mein kleiner Nachbar sind!«

Die Zimmergenossin, die flach auf dem Rücken liegt, dreht mühsam den Kopf zu ihnen und stimmt so überschwänglich wie möglich mit ein.

»Ich nehme ihn mit nach Italien«, sagt der Gy ernsthaft.

Sie nimmt Mathildes Hand in die ihre. Unter den Fingern spürt Mathilde die trockene Haut.

»Ich kehre in mein Land zurück, *cara mia*.«

»Aber Sie haben doch gesagt, dass in Apulien niemand mehr ist? Nur Alte und Kinder?«

»Na dann werde ich ja nicht allein sein«, lächelt sie.

»Haben Sie noch Verwandte da unten?«, fragt Henry.

»Meine Mutter hatte zehn Kinder. Alle schön kräftig. Also du verstehst, was ich meine.«

Mathilde lässt ihren Blick über Gys Sachen schweifen. Der Bücherstapel, die Schokoladenschachteln, alle die Nippes, das Bett selbst ist von einer Masse an Kissen und Decken überhäuft, und dann die zahlreichen Taschen, die unters Bett geschoben sind.

»Haben Sie ein großes Haus dort für all Ihre Sachen?«

»Ich habe Platz, Mathilde. Aber ich werde dir jedenfalls einige besonders kostbare und zerbrechliche Sachen anvertrauen müssen, die die Reise nicht überstehen würden. Vor allem habe ich Platz, um mit unseren Italienisch-Lektionen weiterzumachen, wenn du mich besuchen kommst.«

»Ich werde Sie besuchen!«, ruft Mathilde lebhaft aus. »Wann?«

»In diesem Sommer, mit deiner Mama und mit Henry«, sagt Giacomo, »und mit dem besten Chauffeur auf dem ganzen Stiefel«, sagt er bescheiden, die Hand flach auf die Brust gelegt.

Mai 1978

Eeyore bewegt sich schon seit mehreren Jahren nicht mehr viel fort. Er schont sich. Um ganz ehrlich zu sein, er bleibt ganz einfach rund um die Uhr im Bett. Wie auch immer, Mathildes Schultasche ist kein Rucksack mehr, sondern eine Stoffumhängetasche, in der ein Esel bestimmt von den Büchern und Heften zerdrückt würde. Eeyore spürt seinen Körper im Raum nicht. Wenn er die Fähigkeit dazu hätte, würde er merken, dass er jetzt das Bett mit Comics teilen muss, deren Einbände funkelnde Autos zeigen. Wenn er lesen könnte, würde er es sicher schätzen, dass es sich um die Abenteuer Michel Vaillants handelt und dass sich Mathilde vor allem für die Liebesgeschichte zwischen Michel Vaillant und Françoise interessiert, einer jungen unerträglichen Hexe, die sich im Lauf der Episoden in eine begehrenswerte Frau verwandelt.

Wenn Eeyore sehen könnte, könnte er das gehäkelte Deckchen bewundern, das künstlerisch den Schirm der Nachttischlampe aus Keramik bedeckt, und ebenso das Morgenlicht, das sich auf all den auf dem Fensterbrett aufgereihten Glaskugeln bricht. Er könnte feststellen, dass Mathildes Mama das nordische Schlafsystem übernommen hat, das für die, die das Bett machen, nicht so zeitraubend ist. Er könnte missbilligen, dass der enge Schrank weit offen steht vor den Kleidern, die mehr gestapelt als aufgehängt sind oder einfach irgendwie hineingestopft, dass die Papiere auf dem Schreibtisch – einem einfachen Brett auf zwei Böcken – nach dem gleichen Zufallsprinzip aufgeräumt sind wie die Kleider. Zwischen den zwei Vorhangbahnen könnte er das Dach des Einkaufszentrums sehen und dahinter die Fenster des Mietshauses gegenüber, die alle einen Minibalkon haben, auf dem man keinen Esel halten könnte, keinen echten.

Eeyore hat auch keine Vorstellung von der Zeit und weiß also überhaupt nicht, seit wie lange er schon zum Kissen zusammengedrückt unter Mathildes Kopf liegt, deren Lider einen Halbmond auf die Wange zeichnen und in deren halboffenem Mund man den Glanz eines Drahts ahnt.

Im Klartext, Eeyore hat von nichts eine Ahnung. Er ist zufrieden damit, sein Pflichtenheft ganz korrekt auszufüllen, das darin besteht, Liebe zu horten, sie bis zum richtigen Zeitpunkt zu lagern und dann zurückzugeben. Wenn die Lider sich heben und der Mund sich öffnet, um ihm mit sanfter Stimme »Tag, Eeyore« zu sagen, dann hortet er, und das, obwohl er nichts hört, nichts fühlt, nichts versteht, nichts sieht.

Gleich nach dem Aufwachen nimmt Mathilde die Zahnspange heraus und lässt sie in das Glas auf dem Nachttischchen fallen, ohne sich um die Spuckefäden zu kümmern, die der Schwerkraft nachgeben und in die Fäden des Kissenbezugs dringen. Dalida singt irgendwo in ihrem Kopf unaufhörlich *Besamo mucho*. Sie befreit Eeyore provisorisch und drückt ihn sich an den Hals. Es ist Sonntag, oder? Ihr kommt es vor, als sei Sonntag. Jedenfalls weist so manches darauf hin. Zum Beispiel, dass ihre Mutter noch nicht gekommen ist und sie geweckt hat. Sie erinnert sich, dass an diesem Tag irgendwie etwas Besonderes ist, weiß aber nicht was. Gestern gab es nicht nur diese Sendung mit sämtlichen Videoclips von Dalida, sondern auch diese Hose, gekauft bei Fiorucci, die sie morgen in der Orientierungsstufe anziehen wird, wenn sie sich traut. Mit welchem T-Shirt? Die Hose hilft ihr auf die Sprünge. Sofort nach dem Kauf hatte sie das ideale Geschenk gefunden, eine Seife an einer Kordel. Heute ist der Geburtstag ihrer Mutter. »*Besame mucho,* Eeyore«, verlangt sie vom Esel auf ihren Armen.

Henry wacht auf, sein Kopf steckt im Zwischenraum zwischen Matratze und Wand. Das Bett ist in der Nacht auf dem Parkett noch weiter verrutscht. Um ein Haar wäre sein Körper dem Kopf gefolgt. Ein einfacher Gummistopper würde das Bett daran hindern, plötzlich von der Wand abzurücken. Mit ärgerlichem

Seufzer dreht er sich noch einmal um. Da steigt ein Riesengedanke in sein Bewusstsein hoch, ein Katastrophengedanke, den er sofort wieder zurückschicken möchte: Heute ist sein erster Tag beim Militär. Fünf Monate in der Sommerhitze in der Uniform aus Wollstoff, hundert Kilo Gepäck auf dem Rücken, Nachtmärsche, Wecken im Morgengrauen, der Militärfraß mit der Kelle serviert. Die Freunde, die im letzten Jahr davon zurückgekommen sind, haben unglaubliche Geschichten erzählt. Henry hatte sich um ein Jahr zurückstellen lassen können, aber dieses Mal ist er dran. Es sei denn, ein Wunder geschehe in letzter Minute, ein gebrochenes Bein zum Beispiel. Aber nun, Henry ist sich im Klaren, dann müsste man sich in jedem Jahr ein Bein brechen. Heute Abend wird er den Zug nehmen müssen und das Land durchqueren. Er weiß nicht einmal, in welchem Teil der Deutschschweiz dieses Sargans liegt, dem er zugeteilt wurde. Die paar deutschen Ausdrücke, die er während seiner Lehre beim Staat gelernt hatte, werden ihm beim Verstehen des Schweizerdeutschen nichts helfen. Und wenn er der einzige Welsche wäre? Es bleibt nichts anderes übrig, als aufzustehen und nach Möglichkeit nicht mehr daran zu denken.

Henry geht aus seinem Zimmer in das seiner Mutter. Er steckt den Kopf durch die angelehnte Tür, um zu sehen, ob sie schon wach ist. Sie sitzt mit dem Rücken an der Wand und lächelt ihn an.

»Alles Gute zum Geburtstag, M'ma«, sagt er, beugt sich nieder und küsst sie auf das Haar. »Was tust du?«

Sie richtet einen photographischen Blick auf ihn, als wolle sie sich diesen Moment für immer einprägen, ehe er für immer vergeht. Das erweckt wieder Angst in ihm.

»Ich kann diesen Pulli nicht mehr anziehen. Schau her.«

Sie hält ihn gegen sich.

»Er ist viel zu kurz.«

Sie zieht an dem Wollfaden ganz unten an dem Kleidungsstück. Eine nach der anderen trennen die Maschen sich auf und behalten dabei die Kringel, die ihnen in all den im Pulli verbrachten Jahren eingeprägt waren.

»Hast du dein Gepäck fertig?«

»Ja, ich bin bereit. Aber trotzdem habe ich den Eindruck, dass das Land mich nicht wirklich braucht, weißt du.«

Seine Mutter streichelt ihm mit dem Handrücken über die Wange.

»Und die Reiseapotheke? Hast du die?«

»Ich bin bereit, M'ma.«

»Und die kugelsichere Weste?«

»Mh«, begnügt er sich zu antworten.

»Und das Basisgeschirr? Den Kampfrucksack? Die Fourragère und die Fahne? Den Tarnanzug, die Beingummis, die Karten und Reglemente? Hast du das alles?«

Er kann sich das Lachen nicht verbeißen.

»Das ist nicht nett, dass du dich über mich lustig machst. Fourragère? Was ist das eigentlich, eine Fourragère?«

Mathilde kommt nun herein, sie klettert hinter ihrem Bruder und über ihre Mutter auf das Bett.

»Alles Gute zum Geburtstag, Mams, schau, das ist eine Seife an einer Kordel«, sagt sie und hält ihr eine Schachtel hin. »Wirst du dir wieder etwas stricken?«

»Eine Fläschchenhülle?«, schlägt Henry vor und zwinkert seiner Schwester zu.

»Ich weiß noch nicht«, antwortet ihre Mutter, »wird sich zeigen. Danke, mein Schatz!«

Sie öffnet das Päckchen.

»Oh, eine Seife an einer Kordel.« Staunend betrachtet sie die Seife, in die die Enden einer Endloskordel eingeschlossen sind.

»Du kannst sie in der Dusche aufhängen«, erklärt Mathilde.

»Jedenfalls gut ausgedacht«, stellt Henry fest.

»Sag mal, Soldat Kinley«, erwidert Mathilde, »hast du es besser gemacht?«

»Mein Geschenk ist, dass ich euch gegen den Feind verteidige«, erklärt Henry würdevoll.

Das Klingeln an der Eingangstür unterbricht ihr Gespräch. Seit dem VERSCHWINDEN, obwohl sich die Klingel mitsamt der Tür geändert hat, mitsamt der

Wohnung, dem Haus und der Straße krampfen sich die Herzen immer noch zusammen, wenn jemand klingelt. Alle lebenswichtigen Personen sind jedoch hier versammelt, hier auf diesem Bett. Der Ton dieser Klingel setzt sich über jede Logik hinweg, so sehr hat er die Zellen geprägt und alle anderen Klingeltöne angesteckt. Wenn zuhinterst in der Festung Sargans, denkt Henry, die Trompete um fünf Uhr morgens die Truppen hochfahren lässt, dann wird meine erste Reaktion sein, das ahnt er, dass er eine schlimme Nachricht fürchtet.

»Ich gehe hin«, sagt er.

»Ich gehe mit«, sagt seine Mutter ohne ersichtlichen Grund.

Sie nimmt sich im Vorbeigehen ihren Morgenmantel, und Mathilde, obwohl noch im Nachthemd, folgt ihnen, auch ohne sich erklären zu können warum.

Vor der Tür wird ein riesiger Blumenstrauß von zwei Händen gehalten.

»Guten Tag, Madame Kinley. Ein Herr hat das gestern für Sie abgegeben.«

»Guten Tag, Monsieur Alvarez. Herzlichen Dank. Das ist sehr nett von Ihnen.«

»Ist das Ihr Velo, das da unten ans Gitter gebunden ist?«

»Nein, das gehört uns nicht. Schönen Sonntag, Monsieur Alvarez. Danke noch einmal!«

Henry macht die Tür hinter ihnen zu und brummelt, dass das Velo niemanden störe. Mathilde lächelt innerlich bei der Vorstellung, wie Monsieur Alvarez auf Gys Korridor reagiert hätte.

»Das siehst du falsch, Henry«, sagt die Mutter. «Er will nur seinen Hauswartsposten nicht verlieren, das ist alles. Ich frage mich, wer mir wohl diese Blumen schickt«, sagt sie kokett und legt den Strauß auf den Küchentisch. Sie zieht die Karte aus dem Umschlag.

Liebe Elise, meine herzlichsten Glückwünsche zu deinem Geburtstag. Hoffentlich ist dein Hauswart hilfsbereit, denn ich habe ihm ganz schnell im Vorbeigehen diese Blumen für morgen anvertraut und ihm 1000 Empfehlungen in Auftrag gegeben. Ich fliege nach Tokio, wo ich dir ein deiner Garderobeentgleisungen würdiges Geschenk kaufen werde.

Sag Henry, dass ich 43 im Réduit in Sargans war, und dass es selbst im Sommer oben auf dem Pizol ziemlich kalt sein kann.

Dein Hubert

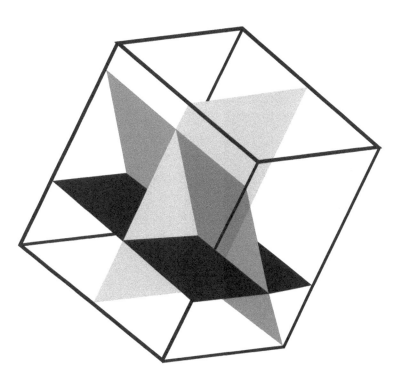

Die Autorin

Laurence Boissier, geboren 1965, gestorben viel zu früh im Januar 2022, hatte Innenarchitektur und Performance an der Hochschule für Kunst und Design in Genf studiert, war Delegierte beim IKRK, wirkte mit bei der Spoken-Word-Szene »Bern ist überall«, aber vor allem war sie Schriftstellerin. Für den Band »Inventaire des lieux«, Miniaturtexte in subtiler rhythmischer Sprache, erhielt sie 2017 den Schweizer Literaturpreis. »Inventar der Orte« ist 2023 von Hilde Fieguth übersetzt im verlag die brotsuppe erschienen.

Die Übersetzerin

Hilde Fieguth studierte Germanistik und Kunstgeschichte in München, Berlin und Konstanz, lebt in Fribourg, übersetzt aus dem Französischen, u.a. Corinna Bille, Mahi Binebine, J.-F. Haas, Nicolas Bouvier, Ajar, Kaouther Adimi, Nicolas Verdan, Laurence Boissier.

https://fieguth.ch

Titel der Originalausgabe: *Rentrée des classes*
© 2017, art&fiction

REIHE
Literatur aus der Schweiz
in Übersetzung

Dieses Buch erscheint mit Unterstützung der
ch Stiftung für eidgenössische Zusammenarbeit dank
der Beteiligung aller 26 Kantone. Die Übersetzung
wurde von Pro Helvetia subventioniert.

schweizer kulturstiftung
prohelvetia

Der verlag die brotsuppe wird vom Bundesamt
für Kultur mit einer Förderprämie für die Jahre
2016–2024 unterstützt.

www.diebrotsuppe.ch
ISBN 978-3-03867-095-7

Übersetzung: Hilde Fieguth, Fribourg
Lektorat: Ursi Anna Aeschbacher, Biel/Bienne
Umschlag, Layout: Ursi Anna Aeschbacher, Biel/Bienne
Druck: CPI Clausen & Bosse, Leck